Das Motorradbuch für Frauen

Das Motorradbuch für Frauen

Von Barbara Bredl

humboldt-Paperback 968

Die Autorin:
Barbara Bredl studierte Geschichte und Kommunikationswissenschaften und ist heute als freie Journalistin tätig. Sie ist begeisterte Motorradfahrerin.

Umwelthinweis: gedruckt auf chlorfrei gebleichtem Papier.

Umschlaggestaltung: Wolf Brannasky, München
Umschlagfotos: Fotostudio Peter Bornemann, München
Zeichnung S. 109: Eva Gleifenstein
Fotos:
S. 26, 42, 62, 70, 74, 75, 78, 82, 94, 97, 99, 106, 110, 114, 118: Petra Gerschner
S. 35, 59, 111: Barbara Bredl
S. 16, 18: Dr. Krackowizer Motorrad-Archiv
S. 10, 12, 23: SV-Bilderdienst
S. 102: Motorpresse international
S. 21: BMW-Archiv

Wir danken den Firmen BMW und Motoport für ihre freundliche Unterstützung. Folgende Firmen stellten Fotos zur Verfügung: KTM, Aprilia, Suzuki, Harley-Davidson, Honda, Yamaha, Kawasaki, MuZ

© 1995 by Humboldt-Taschenbuchverlag Jacobi KG, München
Druck: Wartelsteiner, Garching
Printed in Germany
ISBN 3-581-669668-0

1 2 3 * 97 96 95

Inhalt

Einführung

Hallo, liebe Motorradfahrerinnen, und alle, die es werden wollen!

Es gibt schon peinliche Situationen, vor allem, wenn »frau« gerade ihren Motorradführerschein in der Tasche hat und sich soeben ihr erstes Traumbike gekauft hat. Als unwissende Anfängerin hatte zum Beispiel auch die Autorin gleich zu Anfang ihrer »Motorradkarriere« ein bezeichnendes Erlebnis: Lässig und cool will sie bei einer ihrer ersten Ausfahrten mal eben an der Tankstelle den Ölstand an ihrer Enduro überprüfen. (Es soll schließlich niemand sagen, daß sich Frauen nicht auch selbst drum kümmern können.) Und entsetzt stellt sie fest, daß sich kein Tröpfchen Öl mehr im Motor befinden kann, weil der Prüfstab total trocken ist. Das kann ja wohl nicht sein, denkt sie, schließlich ist das Motorrad doch neu und war erst kürzlich bei der Inspektion. Den Tankwart fragen? Ist zu peinlich. Lieber doch zu einem Freund fahren, entschließt sie sich. Bei diesem erntet sie schließlich ein müdes Lächeln: Der Ölstand stimmt natürlich genau, kein einziger Tropfen muß nachgefüllt werden. Erstaunt muß sich die unwissende Anfängerin unter Kommentaren wie »ja, ja, Frauen und Motorräder . . .« anhören, daß der Ölstand nur bei aufrecht stehender Maschine nachgeschaut werden darf und nicht etwa, wenn die Maschine auf dem Seitenständer steht. »Frauen und Motorräder?«. Keine Sorge, Männern geht es genauso!! Nur die müssen schließlich nicht mit dem Image vom »schwachen weiblichen Geschlecht« kämpfen. Und schon gar nicht mit dem Vorurteil, daß Motorradfahren sowieso eine Nummer zu groß für sie ist. Weil uns aber das Wissen über das Biken nicht mit dem Fahrtwind zufliegt, ist dieses Buch entstanden. Was wir gerade als Anfängerinnen einfach brauchen, sind praktische Tips und Kniffe über das Motorradfahren im Alltag. Viele Dinge (siehe Ölstandmessung) sind viel leichter, wenn »frau« sie schon vorher weiß. Und nicht erst ihren Mann, Partner, Bruder, Tankwart oder Kfz-Mechaniker fragen muß. Zum Beispiel, wie die Maschine auch auf abschüssigen Straßen richtig abgestellt wird, wie die Betankung funktioniert, welche Tricks es für das Aufbocken und Aufheben der Maschine gibt, wie TÜV gefahren wird, und, und, und . . . Auch für Frauen, die sich für das Motorradfahren interessieren und sich mit dem Gedanken tragen, den Führerschein zu machen, bietet dieses

Buch konkrete und praktische Hinweise: Wie Frauen die richtige Fahrschule finden, was sie beim Führerscheinerwerb so alles erwartet, was beim Kauf eines Motorrads und des richtigen Zubehörs oder bei den Ausfahrten mit dem Bike zu beachten ist.

Technikhandbücher gibt es wie Sand am Meer – aber wie ein Motor in seinen kleinsten Einzelteilen und Schräubchen nun genau funktioniert und wie er komplett auseinander- und zusammengeschraubt werden kann, interessiert die meisten Frauen sowieso nicht. Wir wollen mit dem Bike fahren und nicht mit ölverschmierten Händen tagelang an der Maschine werkeln. Eine gut gewartete Maschine muß ohnehin nicht oft repariert werden – wie es funktioniert, erfahrt Ihr in allen Einzelheiten in diesem Buch.

Dazu einiges zu den Themen »Kinder auf dem Motorrad mitnehmen«, »in der Schwangerschaft Motorrad fahren« und »Touren und Reisen mit dem Motorrad«. Warum dieses Buch sich gerade an Frauen richtet, hat nicht etwa den Hintergrund, daß sie womöglich zu doof fürs Motorradfahren sind und dafür auch extra noch eine eigene Anweisung in Form eines Handbuchs für Frauen brauchen. Im Gegenteil, die meisten Frauen sind gewiefter, weil sie sich schon vorher informieren und nicht beim ersten Motorradkauf, bei der ersten Ausfahrt oder der Wartung der Maschine irgendwelche Fehler begehen. Ach ja: Natürlich ist es nicht verboten, daß sich auch motorradfahrende Männer in diesem Buch informieren. Laßt Euch ganz einfach nicht stören, daß es hier ausschließlich um »Bikerinnen« geht.

Viel Spaß beim Lesen wünscht Euch

Barbara Bredl

Schon früher beliebt bei Frauen: die Harley-Davidson

Meine Oma fährt im Hühnerstall Motorrad – oder: Als die ersten Frauen Motorrad fuhren

Die Wegbereiterinnen

Die Geschichte des Frauen-Motorradfahrens beginnt genaugenommen schon in der Mitte des 19. Jahrhunderts mit den Vorläufern der motorisierten Zweiräder, den Fahrrädern: Um 1850 wagten sich die ersten mutigen Frauen auf die eigentlich für Damen verpönten Fahrräder. Kaum zu glauben, aber zu dieser Zeit riskierten Frauen in Deutschland sogar eine Verhaftung, wenn sie fahrenderweise auf einem Zweirad erwischt wurden. Dennoch stieg die Zahl der Frauen, die meist heimlich und in Männerkleidung das Fahrrad als Fortbewegungsmittel entdeckten, stetig an. Wenig änderte sich jedoch an der Tatsache, daß das Fahrradfahren für Frauen lange Zeit unstatthaft war und – nicht nur von der Männerwelt, sondern auch von anderen Frauen – als ganz und gar nicht schicklich angesehen wurde. In dem 1899 erschienen Magazin »Elsaß-Lothringer Velo-Sport«, das in ganz Deutschland und Österreich vertrieben wurde, heißt es beispielsweise über »Frauen, die gerne dem Zweiradsport obliegen«: »Außer den körperlichen Nachteilen, welche das Übertreiben des Sports vielfach zur Folge hat, zeigen sich auch gewisse moralische Mängel. Die Frau kommt durch die aktive Anteilnahme an den Sport mit männlichen Elementen in Berührung, die sie in ihrem Heim nie empfangen würde. Sie gewöhnt sich nach und nach an den Verkehr mit ihnen, trägt sich sportsmäßig in der Kleidung und vor allem nimmt sie auch deren Manieren und Jargon an.« Aus heutiger Sicht haarsträubende Argumentationen, an denen jedoch deutlich wird, daß das Fahrradfahren eng mit der Frauen-Emanzipation zusammenhing. Die Amerikanerin AMELIA BLOOMER, die 1870 übrigens auch die »Gesellschaft für die politischen Rechte der Frau« gründete, war eine der ersten radfahrenden Frauen, die sich über die von diesen »männlichen Elementen« auferlegten Zwänge einfach hinwegsetzte. Sie befreite sich von den zum Radfahren völlig unbequemen weiten Röcken und kreierte eine Art Hosenrock, der bis heute noch als »Bloomers« bezeichnet wird. »Löst die Haken eurer Kleider, schneidet die Schleppen ab bis zu den Knien und zieht ein paar lose Hosen darunter«, forderte sie in einer amerikanischen Modezeitschrift alle Frauen auf. Sie selbst trug seit 1853, auch auf ihren zahlreichen Vortragsreisen in Sachen Frauen-Emanzipation, nur noch Hosen. Sehr zum Unwillen der Presse und zahlreicher Pastoren, die das Tragen des »Bloomer-Kostüms« sogar in ihren Predigten verboten. Daß Frauenfreiheit Bewegungsfreiheit ist, wie Amelia Bloomer immer wieder betonte, erkannten amerikanische wie europäische Frauen sehr schnell. In Deutschland konnten sich die Hosen zwar zunächst noch nicht durchsetzen, dafür aber seit etwa 1890 eine sogenannte »Reformkleidung«: leichtere und nicht einengende Kostüme mit sportlichem Einschlag. Auch vom Fahrradfahren ließen sich Frauen jetzt nicht mehr abhalten. Denn Bewegungsfreiheit bedeutete für sie auch Mobilität und Unabhängigkeit: Das Fahrrad führte sie aus der Häuslichkeit zu neuen Eindrücken und Erlebnissen, es machte sie selbständiger als je zuvor. Immer

Zum Gespött der Öffentlichkeit machten Karikaturisten die fahrradfahrenden Damen noch im 19. Jahrhundert

wieder wurde versucht, fahrradfahrende Frauen lächerlich zu machen, zum Beispiel durch spöttische Gedichte oder Karikaturen in den damals erschienenen Zeitschriften. Die wachsende Zahl der Fahrradfahrerinnen führte den Männern deutlich vor Augen, daß sich da etwas anbahnte, was sie nicht wahrhaben wollten: Ein Streben nach Gleichberechtigung und weiblicher Selbständigkeit und damit verbunden der Abbau männlicher Vorrechte. Trotz aller Unkenrufe und Verspottungen haben sich die fahrradfahrenden Damen aber schließlich doch durchgesetzt. Die ersten Fahrradfahrerinnen des 19. Jahrhunderts können heute als die Wegbereiterinnen für die motorradfahrenden Frauen gesehen werden. Ohne ihr vehementes Drängen, daß auch Frauen auf den eigentlich nur für Männer bestimmten Zweirädern Platz nehmen dürfen, hätte es wohl auch noch nicht so schnell aktive Motorradfahrerinnen gegeben. Denn die Motorräder, die zu Beginn des 20. Jahrhunderts aus den sogenannten »Velozipeds« entwickelt wurden, waren ja zunächst nichts anderes als motorisierte Fahrräder. Auch ein Verdienst der Fahrradfahrerinnen für die späteren Motorradfahrerinnen: Sie haben die Mode revolutioniert und das Tragen von Hosen bis zu den zwanziger Jahren auch für Frauen durchgesetzt. Letztlich waren die Hosen ja auch eine Grundbedingung für das spätere sportliche und schnelle Motorradfahren. Allerdings wußten sich Frauen in der Pionierzeit des Motorrads um

1910 zunächst auch ohne Hosen zu helfen. Wie auf einigen alten Abbildungen aus dieser Zeit zu sehen ist, stiegen Frauen auch in Röcken aufs Motorrad: Auf einem Foto von 1909 sind beispielsweise zwei junge Amerikanerinnen abgebildet, die offenbar kein Problem damit hatten, auch mit ihren langen Röcken aus derbem Leinenstoff auf ihrer damals neu erschienenen Harley Davidson »Silent Grey Fellow« fröhlich durch die Gegend zu tuckern. Schon vor 1914 stellten die englischen Motorradkonstrukteure »Douglas« und »Rex« sowie die tschechische Firma »Laurin & Klement« sogar sogenannte »Ladies-Modelle« her, die damals sehr populär waren. Bei diesen Maschinen wurden Rahmen und Motor wie bei einem Damenfahrrad in der Mitte tiefer angebracht, so daß auch Frauen mit langen Röcken damit fahren konnten. Die Tatsache, daß überhaupt solche eigenen »Frauenmodelle« konzipiert und angeboten wurden, beweist, daß es auch in der Frühzeit des Motorrads bereits einige aktive Motorradfahrerinnen gab. Über die genauen Stückzahlen der damaligen »Ladies-Modelle« ist leider nichts bekannt. Der Motorradhistoriker Helmut Krackowizer schätzt die Stückzahlen jedenfalls auf höchstens 50 pro Modell. Eigentlich ein gar nicht so geringer Prozentsatz, wenn man bedenkt, daß beispielsweise von den regulären »Männer«-Modellen der Firma »Douglas« im ganzen Jahr 1910 nur rund 1000 Stück verkauft wurden.

Die »Autlerinnen«

Eine der wichtigsten Wegbereiterinnen für die späteren Motorradfahrerinnen ist auch die Gattin des Automobilerfinders Carl Benz: BERTA BENZ eröffnete anno 1888 mit einer 120 Kilometer langen Überlandfahrt mit einem heimlich aus der Werkstatt entführten »Motorwagen« den Reigen der sogenannten »Selbstfahrerinnen«, wie die eigenhändig steuernden Damen bis in die zwanziger Jahre hinein bezeichnet wurden. Mit ihrer couragierten Nacht-und-Nebel-Fahrt hatte sie der staunenden Männerwelt bewiesen, daß der damals noch teils belächelte, teils verteufelte »Hexenwagen« auch auf längeren Strecken spurte. Vor allem hatte sie gezeigt, daß eine Frau durchaus technisches Fingerspitzengefühl besitzt und einem motorisierten Fahrzeug gewachsen ist. Denn als bei ihrer Überlandfahrt der Motor streikte, half sie dem Fahrzeug schiebenderweise nach, verstopfte Ventile wurden kurzerhand mit der Hutnadel gereinigt und eines ihrer Strumpfbänder zum Dichtungsmaterial umfunktioniert. Das Beispiel der ersten Automobilistin der Welt machte schnell Schule: Seit diesem Tag gab es immer mehr »Autlerinnen«, deren Fahrkünste selbst von der Männerwelt hoch gelobt wurden. Letztlich ist es also auch ein Verdienst der »Autlerinnen«, daß das Tabu von technischen Angelegenheiten für Frauen schließlich gebrochen werden konnte.

Kleine Geschichte des Zweirads

Im Grunde ist das Motorrad ein »Kind« des 20. Jahrhunderts, wenn es auch im späten 19. Jahrhundert konzipiert wurde. Gottlieb Daimler meldete 1885 bereits ein Patent auf ein einspuriges Fahrzeug mit Verbrennungsmotor an. Sein sogenanntes »Reitrad«, ein einfaches Zweirad mit Holzrahmen, zwei blechbeschlagenen Holzrädern und zwei kleinen Stützrädern, fuhr allerdings nur Schrittgeschwindigkeit. Aber Daimlers Erfindung sprach sich schnell herum und zahlreiche Konstrukteure aus aller Welt experimentierten schon bald mit motorradähnlichen Fahrzeugen. Das »Reitrad« von 1885 signalisiert heute jedenfalls den Beginn der Motorradära. Zu den ersten eifrigen »Motorradtüftlern« gehörte auch die Münchner Firma »Hildebrand und Wolfmüller«. Die Münchner waren schließlich auch die ersten auf der ganzen Welt, die schon 1894 Motorräder in Serie produzierten. Ihre ersten Zweiräder ähnelten allerdings eher etwas stabileren Fahrrädern mit Motor. Richtige Motorräder, die auch als Fortbewegungsmittel für den Alltag taugten, konnten erst durch Weiterentwicklungen und Verbesserungen nach dem Ersten Weltkrieg produziert werden.

Die ersten Motorrad-Amazonen

Wir schreiben das Jahr 1904. MARIECHEN REUSCHEL aus Berlin gewinnt auf einer »Cyclon« das Solitude-Bergrennen bei Stuttgart. Auch in den beiden folgenden Jahren geht der Siegerpokal des Solitude-Rennens wieder an eine Frau: Die schnelle GERTRUDE EISEMANN sorgt mit ihren beiden Siegen für Applaus bei den Zuschauern und Schlagzeilen in den Gazetten. Sie war eine besonders unerschrockene wie resolute und verwegene Fahrerin, stellte der bekannte deutsche Automobilkonstrukteur August Horch damals bewundernd fest. »Amazonen« wurden die ersten deutschen motorradfahrenden Frauen zu dieser Zeit fast ehrfürchtig genannt, in Anlehnung an die kriegerischen Frauen aus der griechischen Mythologie, die unter ihrer Königin Penthesilea im Trojanischen Krieg gegen die Griechen kämpften und im Umgang mit Schwert, Bogen und Pfeil nicht zimperlich waren. Die Frauen, die gerade erst das Fahrrad für die Damenwelt erobert hatten, wagten sich nun schon auf die noch viel gefährlicheren Motorräder. Von der Öffentlichkeit wurden diese Frauen aber nicht etwa kritisiert oder verspottet wie noch einige Jahre zuvor die Fahrradfahrerinnen, sondern ganz im Gegenteil mit Bewunderung und Respekt angesehen. Dies zeigte auch der Applaus der Zuschauer und die Schlagzeilen in den Zeitungen. Denn es gehörte schon eine ganze Menge Abenteuergeist und eine gehörige Portion Mut dazu, sich vor rund 90 Jahren auf ein motorisiertes Zweirad zu setzen:

Die damaligen Motorräder steckten noch in den Kinderschuhen und ähnelten eher klapprigen motorisierten Fahrrädern. Das Fahren mit den technisch noch kaum ausgereiften »Knochenschüttlern« war abenteuerlich und beschwerlich. Weil die Kraft- und Schmierstoffe damals noch von ganz anderer Beschaffenheit waren, ließ sich mancher Motor bei kaltem Wetter überhaupt nicht starten, während der Fahrt sprotzten und stotterten die Maschinen. Dazu kam der rauhe und gefährliche Straßenbelag, der unzählige Reifendefekte verursachen konnte. Ganz zu schweigen von den vielen Hufnägeln, die vom damals noch äußerst verbreiteten Pferdewagenverkehr überall herumlagen. Viele, zumeist männliche Interessenten verloren angesichts der zahlreichen Probleme auf dem Neuland »Motorrad« schnell ihren anfänglichen Enthusiasmus. Einige couragierte Frauen ließen sich jedoch trotz allem nicht abschrecken. Das früheste Zeugnis über eine motorradfahrende Frau findet sich in einem Artikel der 41. Ausgabe der Wiener »Allgemeinen Automobil-Zeitung« aus dem Jahre 1903: MIMMI WINGER hieß sie, die motorradfahrende Apothekersgattin aus Agram, die stolz neben ihrem »Laurin & Klement 2½-HP Damenmodell« steht. Ihr beiliegender Brief an die Redaktion wurde ebenfalls veröffentlicht. Darin schreibt sie: »Löbliche Redaction! Sie wünschen, daß ich Ihnen Einiges über das Motorradfahren der Damen mittheile, ob das

Die motorradfahrende Apothekersgattin Mimmi Winger, auf einer Abbildung aus dem Jahr 1903

Fahren auf dem Motorrade ange-
nehm ist, ob man es Damen empfehlen kann, ob ich mich nicht vor
einem Sturze fürchte? Ob es ein
Vergnügen ist? Da fragen Sie noch?
Ich kenne kein größeres. Das Motorrad gibt mir Gelegenheit, weite
und schnelle Fahrten zu machen,
ohne daß ich körperlich oder geistig
dadurch ermüdet würde. Es ist ein
unbeschreiblicher Genuß auf der
Maschine, bergauf und bergab da-
hinzufliegen; schnell, wenn man es
eilig hat, im Schritt, wenn es nöthig
ist. Wie viele schöne, herrliche Touren verdanke ich meinem guten
Motorrade!«
Es waren außergewöhnliche und
beherzte Frauen, die das Motorrad-

fahren so faszinierte und begeisterte
und die dafür sorgten, daß das
Motorradfahren kein ausschließ-
liches »Reservat« des männlichen
Geschlechts blieb. Auch wenn
»Frauen im Sattel« stets und bis
heute in der Minderheit blieben.
Allerdings mußte auch der soziale
und finanzielle Hintergrund stimmen, um überhaupt in die Riege
der motorradfahrenden Frauen auf-
steigen zu können: Für die damalige Durchschnittsfrau, die meist
genug damit zu tun hatte, ihre zahlreichen Kinder großzuziehen und
die vom spärlichen Gehalt ihres
Ehemannes leben mußte, blieb ein
Motorrad allerdings unerschwinglich. Zum Kundenkreis des 1903

erschienenen Damen-Modells der Firma »Laurin & Klement« zählten jedenfalls nur die Damen aus der feudalen Gesellschaft. GERTRUDE EISEMANN beispielsweise, die in London geborene Britin mit Doktortitel, hatte nicht zuletzt auch als Ehefrau des Inhabers des ersten Hamburger Automobilhauses Max Eisemann sowohl die notwendigen Finanzen als auch das richtige Umfeld, um als eine der ersten Motorrad-Amazonen in die Geschichte einzugehen. Außerdem gehörte sie auch schon vor ihrer Motorradkarriere zu den wenigen Frauen, die das Fahrradfahren als eine völlig normale Angelegenheit für Frauen ansahen.

Eigentlich war in Deutschland zu Beginn des Jahrhunderts der Motorradboom noch gar nicht so stark ausgebrochen. Die klassischen Motorradländer waren Frankreich und England. Dort war man schon viel weiter in der Entwicklung und in der Produktion von Motorrädern. Gerade in England entwickelte sich das Motorrad schon früh zu einem beliebten Sportinstrument, es wurden zahlreiche Bergrennen und 1907 erstmals das berühmte Rennen um die »Tourist Trophy« auf der Isle of Man ausgetragen. Zu den englischen Motorrad-Pionierinnen gehört MURIEL HIND, die auf ihrer »Rex« schon vor 1914 bei Rennen zahlreiche männliche Konkurrenten aus dem Feld schlagen konnte. Es läßt sich jedenfalls nicht leugnen, daß Frauen schon seit der Geburtsstunde des Motorrads kräftig mitgemischt haben. Auch wenn sie in fast allen bisher erschienenen Büchern außer in Helmut Krackowizers »Motorrad-Album« und »Motorrad-Archiv« nur am Rande erwähnt werden.

Die »Roaring Twenties«

Von 1905 bis 1914 erlebte das Motorrad unglaubliche technische Fortschritte: Die Rahmen wurden stabiler, die Motoren verbessert, außerdem kamen immer luxuriösere Modelle mit besseren und komfortableren Federungen auf den Markt. Aus den motorisierten Fahrrädern wurden recht schnell richtige Motorräder mit wachsenden PS-Zahlen. Die »Ur-Motorräder« hatten lediglich ein, zwei oder allerhöchstens drei PS. Die Krisenzeit des Ersten Weltkriegs machte es zwar für die meisten Privatleute unmöglich, sich ein neues Motorrad zu leisten. In Großbritannien gab es sogar ein Produktionsverbot für Zivilmaschinen. Für die Motorradindustrie war der Krieg jedoch ein Sprungbrett, denn überall wurden die Werke verpflichtet, den Bedarf der Streitkräfte für ihre Motorradstaffeln zu decken. In den vier Kriegsjahren war es vielen Herstellern durch die Massenproduktionen schließlich auch gelungen, die »Kinderkrankheiten« der frühen Motorräder zu kurieren und neue Lösungen für alte Probleme zu finden. Bis zum Anfang der zwanziger Jahre erfreute sich das Motorrad dann auch bei Privatleuten ständig steigender Beliebtheit: Die verschiedenen Firmen bauten Motorräder für alle Arten von Fahrern und – wie es in dem französischen Buch »Berühmte Motorräder 1896–1950« von Christian Rey und Harry Louis heißt – sogar auch für »Frauen und Geist-liche (!)«. Der Münchner Hersteller Gustav Otto stellte beispielsweise 1921 mit seiner »Flottweg« ein Motorrad mit Damenrahmen vor, mit der er vor allem die weibliche Klientel ansprechen wollte.

Vom Sportgerät zum Alltagsgefährt

War das Motorrad bis zum Ersten Weltkrieg noch ein reines Sportgerät gewesen, so wandelte sich seine Funktion in der Nachkriegszeit zum Alltagsgefährt für den Normalverbraucher. Weil sich Automobile nur sehr reiche Leute leisten konnten, wuchs die Nachfrage in den zwanziger Jahren derart an, daß es laut dem Motorradhistoriker Erwin Tragatsch allein in Deutschland zeitweise etwa 500 Motorradhersteller gab. Allerdings mußten sehr viele während der Weltwirtschaftskrise ihre Produktion wieder einstellen. Im Deutschen Reich wurden 1920 insgesamt rund 75 000 Automobile und

Die deutsche Motorrad-»Amazone« der zwanziger Jahre: Hanni Köhler aus Berlin

bereits 25 000 motorisierte Zweiräder registriert. Die Frauen meldeten sich in den zwanziger Jahren auch wieder verstärkt im Motorrad-Rennsport zu Wort: Die wohl bekannteste deutsche Rennsportlerin der zwanziger Jahre ist die 1906 geborene Berlinerin HANNI KÖHLER. Sie gehörte zu den Frauen, die in den sogenannten »Roaring Twenties« im Motorradsattel Sportgeschichte schrieben: Vor Hunderttausenden von Zuschauern fuhr sie bei den berühmten Berliner Avus-Langstreckenrennen Weltrekorde, 1928 nahm sie unter anderem an der über 3400 Kilometer langen ADAC-Länderfahrt erfolgreich teil und 1929 war sie mit einer äußerst guten Wertung bei der Internationalen Sechstagefahrt dabei. Ihre Karriere im Motorradsattel begann sie mit Langstrecken- und sogenannten »Zuverlässigkeitsfahrten«, speziellen Motorrad-Rallyes für im Straßenverkehr zugelassene Maschinen, für die sächsische Firma DKW. Auch privat muß Hanni Köhler viel mit dem Motorrad gefahren sein: Vor ihrer Hochzeit mit dem schlesischen Freiherrn von Skal war die kesse Berlinerin mit der burschikosen Bubikopffrisur 1931 mehrere Monate mit ihrem Motorrad nach Indien unterwegs. Eine bekannte Rennfahrerinnen der zwanziger Jahre war auch die Österreicherin MIZZY NAHMER, an deren beherzter Kurventechnik sich so mancher Mann ein Scheibchen abschneiden konnte. Auch sie feierte zahlreiche Erfolge bei Rennen. Ähnlich wie Gertrude Eisemann zu Anfang des Jahrhunderts kam auch die Wienerin SOPHIA SKORPIL durch den Beruf ihres Mannes zum Motorrad-Rennsport: Da ihr Gatte der österreichische BMW-Importeur war, kam sie – im Gegensatz zur normalen Durchschnittsfrau – natürlich viel leichter in Kontakt mit dem Metier »Motorradfahren«. Dasselbe gilt für die Österreicherin LILLI ERNST, die mit dem Rennfahrer-As und Motorradkonstrukteur Herbert Ernst verheiratet war. Nicht nur als Rennfahrerinnen, sondern auch als Testfahrerinnen haben sich Frauen in den zwanziger Jahren bereits betätigt: So ist eine bemerkenswerte, weil äußerst beschwerliche Testfahrt einer Engländerin namens MRS. MEETON auf einer englischen »Francis-Barnett« von der damaligen Fachwelt hoch gelobt worden. Sie legte allein und in nur fünf Tagen eine Distanz von immerhin 1600 Kilometern zurück. Für Aufsehen sorgten in den zwanziger Jahren auch die englische Geländefahrerin MAJORIE COTTLE und die englische Trial-Pilotin FAY TAYLOR. Frauen waren also durchaus auch den Schwierigkeiten gewachsen, die Gelände- und Trial-Fahrten mit sich brachten. Denn diese Wettbewerbe wurden auf äußerst unwegsamem Gelände ausgetragen und waren wirklich anspruchsvoll und kräftezehrend. Mit dem Ersten Weltkrieg hatte sich auch die Kleidung der Frauen stark verändert: Nachdem fast alle Männer in den Krieg gezogen waren, hatten sich die Frauen ganz allein um die Alltagsgeschäfte zu Hause zu kümmern. Spätestens jetzt entledigten sich viele Frauen ihrer unbequemen Kleider, und bis zu den zwanziger Jahren wurden Hosenanzüge mit Bundfalten und Bubikopffrisuren für Frauen zwar nicht alltäglich, aber dennoch aktuell. Dies wirkte sich auch auf die Motorradkleidung für Frauen aus: Auf dem Motorrad präsentierten sich Frauen in den zwanziger Jahren burschikos: Hanni Köhler beispielsweise stieg in festen Bundhosen, hochgeschnürten Motorradstiefeln und einer derben Lederjacke aufs Motorrad. Auch die Engländerin LOUIE MCLEAN, die für Douglas fuhr, zeigt sich auf einem Foto aus dem Jahre 1927 mit hohen Stiefeln und mit männlich-derbem Hemd und Strick-Cardigan. Bereits seit ihrem 15. Lebensjahr hatte sie im Motorradgeschäft ihres Vaters in Birmingham mitgearbeitet und war schnell zu einer Spezialistin für das Reparieren und Tunen von Motorrädern geworden. So ganz nebenher nahm sie auch noch erfolgreich an zahlreichen Rennen teil. In den zwanziger Jahren etablierte sich Louie McLean sogar zur »weltbesten Motorrad-Amazone«, wie die damalige Presse begeistert feststellte.

Die dreißiger und vierziger Jahre

Die Weltwirtschaftskrise Ende der zwanziger Jahre und zu Beginn der dreißiger Jahre traf auch viele Motorradhersteller. Viele Werke mußten ihre Produktion einstellen. Bei den Kunden waren nach dieser Krise vor allem leichte und preiswerte Motorräder gefragt. Die Neckarsulmer Firma NSU suchte in den Krisenjahren Anfang der dreißiger Jahre außerdem nach Marktlücken und stieß auf die Zielgruppe der Frauen: Für sie entwickelte der Konstrukteur Otto Reitz eigens ein Modell mit Frontmotor, die sogenannte »Motosulm«. Ab 1937 wurde sogar eine eigene Marke mit dem Namen »Damen-Quick« hergestellt. Die »Damen-Quick« war ein leichtes und preiswertes Motorrad mit einem 100 Kubikzentimeter starken Einzylindermotor, bei dem das obere Rahmenrohr so weit wie möglich nach unten abgesenkt war. Nach diesem Vorbild stellten auch »Konfektionäre« der Ilo- und Sachs-Motoren gegen einen Mehrpreis von vier bis sechs Reichsmark Damenausführungen vor. Allerdings zeigte sich ein richtiger Erfolg auf diesem Markt nur in Frankreich. Heute können diese leichten Motorräder mit dem bequemen Einstieg durch die abgesenkten Rahmen und Mittelmotoren als Vorläufer der Mopeds gesehen werden. Insgesamt ähnelten die Damen-Modelle auch eher Motorfahrrädern als richtigen schweren Maschinen, die andere deutsche Hersteller wie BMW oder Zündapp zu dieser Zeit bauten. Die Frauen ließen es sich jedoch auch in den dreißiger Jahren nicht nehmen, auf schweren Maschinen durch die Gegend zu fahren. Ein prominentes Beispiel ist MAGDA SCHNEIDER, die – zumindest im Film »Ein Mädel wirbelt um die Welt« aus dem Jahre 1934 – zeigt, daß auch Frauen sich nicht scheuten, mit den neuen schweren Maschinen zu fahren. Ein Szenenfoto zeigt sie auf einer

Die deutsche Hausfrau, sportlich unterwegs auf einer BMW im Jahre 1934

BMW R 2, wie sie mit einem bewundernd-ängstlich dreinblickenden Theo Lingen als Sozius sportlich Gas gibt. Die Motorradfahrerinnen kamen in den dreißiger Jahren scheinbar aus allen Schichten, ganz im Gegensatz etwa noch zum Beginn des Jahrhunderts, als nur betuchtere (Ehe-)Frauen und höhere Töchter sich den Luxus eines Motorrads leisten konnten. Das Titelbild der Zeitschrift »Die bayerische Hausfrau« zeigt jedenfalls eine sportliche junge Dame, die mit einem schicken Hosenanzug und wehendem getupften Tuch auf einer BMW ganz allein und sichtlich mit großer Freude durch die Natur fährt.

Auch die niedrigeren Preise für Motorräder hatten es nun auch anderen Käuferschichten ermöglicht, sich ein Motorrad zu leisten. Das ursprüngliche Sportgerät »Motorrad« wurde schnell zum beliebten und alltäglichen Fortbewegungsmittel der dreißiger Jahre. Die bekannteste Motorsportlerin aus dieser Zeit war ILSE THOURET, eine 1897 geborene Hamburgerin, die nicht nur eine preisgekrönte Turnerin, sondern auch deutsche Kanumeisterin im Einer und Zweier (1921), Hockeyspielerin und Segelfluglehrerin war. In ihrer Funktion als Reichstrainerin für Damenhockey fuhr sie mit dem Motorrad kreuz und quer durch Deutschland, von einem Lehrgang zum anderen, und kam so Ende der zwanziger Jahre zum Motorsport. Sie war die erste deutsche Frau, die auf einer internationalen Sechstagefahrt die Goldmedaille errang. Insgesamt nahm sie viermal an diesem härtesten und schwierigsten aller Geländesportwettbewerbe teil. Selbst mit über 50 Jahren fuhr sie noch bei zahlreichen internationalen Rallyes mit, ehe sie sich mehr und mehr dem Motorsport-Journalismus zuwandte. Mit dem Zweiten Weltkrieg geriet die Produktion von Motorrädern wiederum ins Stokken, kaum neue Maschinen für den Alltagsgebrauch wurden entwickelt. Erst nach dem Krieg setzte wieder ein neuerlicher Motorradboom in Deutschland ein.

Von den fünfziger bis zu den achtziger Jahren

Nach dem Krieg erlebte das Motorrad für rund zehn Jahre eine Renaissance. Die Löhne und Gehälter waren in der Nachkriegszeit niedrig, jeder Pfennig wurde zweimal umgedreht, ehe er ausgegeben wurde. Ein Auto, auch ein Kleinwagen, war für die meisten Arbeitnehmer unerschwinglich, so daß viele sich wieder dem billigeren Fortbewegungsmittel Motorrad zuwandten. Aus dieser Zeit existieren viele Fotos, auf denen Frauen nur als Beifahrerinnen zu sehen sind. Selbst zu fahren, war wieder zum Luxus geworden, zumal es in jedem Haushalt nur eine Maschine gab, mit der der Mann zur Arbeit fuhr. Am Wochenende war schließlich Familienzeit: Mit Kind und Kegel fuhr die deutsche Durchschnittsfamilie ins Grüne: Der Mann am Lenker, die Frau als Sozia und dazwischen oder auf dem Tank oftmals noch die Kinder. Von Kleinfamilien wurden jetzt auch verstärkt Motorräder mit Beiwagen gekauft, die um einiges billiger waren als ein Auto.

In der Nachkriegszeit erregte auch ein neues Fahrzeug auf zwei Rädern Aufsehen: der Motorroller. Mit seiner karosserieartigen Verkleidung schützte er seine Benutzer besser als die Motorräder vor Kälte und Schmutz und durch eine bequeme Sitzbank vor Ermüdung während der Fahrt. Diese scheinen Frauen auch wegen des bequemen Durchstiegs eher zugesagt zu haben als Motorräder. Auf zahlreichen Abbildungen dieser Zeit sind Frauen auf Motorrollern zu sehen, die sie sich wohl nicht nur ausgeliehen, sondern auch selbst zugelegt haben. Ein Firmenprospekt der Zweiradfirma »Hoffmann«, auf der ein Mann mit seinem schweren Motorrad und daneben eine Frau auf ihrem handlicheren Motorroller abgebildet sind, deutet auch darauf hin, daß von Frauen zu dieser Zeit die einfacher zu handhabenden Roller bevorzugt wurden. Gegen Ende der fünfziger Jahre erlebte der Motorradmarkt in Deutschland plötzlich einen Einbruch: Die Einkommen waren gestiegen und

Familienausflug auf dem Motorrad in den fünfziger Jahren

kleine Autos wurden so billig, daß sich fast jeder eines leisten konnte. »Die Motorräder flogen zu Hunderttausenden in die Ecke – die häßlichen, unbequemen, lauten Dinger, auf denen man ewig fror und oft naß wurde – weg damit!«, beschreibt Robert Poensgen die damalige Stimmung in seinem »Großen Handbuch für Motorradfahrer«. Die große Chance für die Frauen, das Motorrad eventuell noch als Zweitfahrzeug zu verwenden, scheinen die Frauen jedoch nicht für sich genutzt zu haben. Wahrscheinlich, weil ein Zweitfahrzeug für die deutsche Durchschnittsfamilie damals einfach nicht zu finanzieren war. Anfang der sechziger Jahre schien es schließlich, als hätte das Motorrad keine große

Zukunft mehr: Die Nachfrage sank und viele Motorradwerke mußten wieder einmal ihre Tore schließen. Doch die Rettung kam aus den USA: Die Amerikaner entdeckten plötzlich das Zweirad als Freizeitfahrzeug wieder. Das reine Sportfahrzeug und kurze Zeit richtiggehend verabscheute Alltags-Vehikel mauserte sich zum heißbegehrten Hobby-Gerät. Zunächst nur für Männer – in Italien wurde sogar ein Sportmoped mit dem Zusatz »for men only« hergestellt! Allerdings schaffte es die deutsche und europäische Motorradindustrie nicht so schnell, sich auf den wachsenden Markt der Hobby-Fahrer einzustellen. In diesem Moment traten die Japaner auf den Plan, die auch für die plötzlich verlangten hohen

Stückzahlen lieferfähig waren. Erst seit Mitte der siebziger Jahre konnten auch wieder deutsche und europäische Hersteller in den von den Japanern beherrschten Markt einsteigen.

Bis in die achtziger Jahre hinein blieb das Motorrad allerdings eine Art Luxusspielzeug für den Mann, ein Hobby, das »mann« sich nebenher leistete. Es gab zwar immer wieder ein paar bekannte Frauen im deutschen Motorrad-Rennsport: In den fünfziger Jahren beispielsweise INGE STOLL, die später auch im Beiwagen ihres Mannes Jacques Drion bei Rennen mitfuhr. In den sechziger und siebziger Jahren OLGA KALEWA, die auch bei den schwierigen Zuverlässigkeitsfahrten durch das Gelände Erfolge erzielen konnte, und ROSAMUNDE DATZMANN aus Rottenburg an der Laber, eine mehrfache Europameisterin im Seitenwagenfahren. Meist blieben die Frauen aber von dem alltäglichen Zeitvertreib »Motorradfahren« ausgeschlossen. Kein Wunder, denn viele Frauen hatten sich bis weit in die siebziger Jahre hinein allein um den Haushalt und die Kinder zu kümmern. Berufstätigkeit und Kinder miteinander zu vereinbaren, war für viele einfach nicht drin, für persönliche Freiräume blieb aufgrund der fehlenden finanziellen Mittel und der oftmals vorhandenen Abhängigkeit vom Geldgeber Ehemann kein Platz. Ein Grund für die mangelnde Präsenz von Frauen im Motorradgeschehen waren wohl auch die ständig erforderlichen Basteleien an den Motorrädern, die bei den technisch immer noch nicht ganz ausgereiften Motoren der sechziger und siebziger Jahre immer wieder nötig waren. Nicht umsonst hieß ein Spruch von damals auch »Wer sein Motorrad liebt, der schiebt...« Heute bleibt diese auch bei vielen Männern unbeliebte Schrauberei den Frauen glücklicherweise meistens erspart, weil die Maschinen viel wartungsfreundlicher und zuverlässiger geworden sind. Neben der steigenden beruflichen und damit auch finanziellen Unabhängigkeit ist dies sicherlich auch ein Grund, warum sich Frauen erst jetzt verstärkt dem Motorrad widmen.

Die Motorradfrauen der neunziger Jahre

Fest steht, daß seit Ende der achtziger Jahre immer mehr Frauen das Motorrad als Hobby- und Freizeitgefährt für sich entdecken. Und das, obwohl das Motorradfahren von den fünfziger bis bis in die achtziger Jahre hinein eine fast ausschließliche Männer-Domäne gewesen ist: Dies wird auch an vielen Fotos aus dieser Zeit deutlich, auf denen Frauen nur als schmückendes Beiwerk zu schweren Maschinen gezeigt werden. Die Frau auf dem Motorrad als Objekt der Begierde, als Verbindung von Kraft und Schönheit, so wurden Frauen zu dieser Zeit sehr oft dargestellt. Schon an ihrer oftmals nur leichten Bekleidung ist zu erkennen, daß diese Frauen es wohl kaum im Sinn hatten, selbst mit den Maschinen zu fahren. Daran zeigt sich, daß

Frauen zunächst als Kundenpotential gar nicht vorgesehen waren, denn die Werbung zielte nur auf die männlichen Interessenten ab. Solche Bilder gehören aber mittlerweile glücklicherweise zum großen Teil der Vergangenheit an – bis auf ein paar kleine Ausnahmen, gegen die sich auch der Frauenmotorradklub »Women on Wheels« energisch einsetzt. Seit Ende der achtziger Jahre übernehmen immer mehr Frauen selbst den Lenker einer schweren Maschine.

Insgesamt über 200 000 Frauen sind es inzwischen in Deutschland, die sich den Fahrtwind auf ihrer eigenen Maschine um die Nase wehen lassen – Tendenz steigend. Mittlerweile sind es schon so viele, daß Bikerinnen, wenn sie bei einer Ausfahrt mit der eigenen Maschine den Helm abnehmen, endlich nicht mehr wie Fremde von einem anderen Stern angeglotzt werden. Große Ausnahmen sind allerdings bis heute noch Frauen im Motorradsport: Nur ganz wenige, wie etwa die inzwischen verstorbene PATRIZIA WOLF oder PATRICIA SCHEK, ANDREA MAYER und JUTTA KLEINSCHMIDT, konnten sich im Off-Road-Bereich bisher einen Namen machen.

Frauen stehen ihren Mann
– auch beim Motorradfahren

»Selbst lenken« heißt die Devise

»Wenn Motorrad, dann selber fahren« – nach dieser Devise setzen sich immer mehr Frauen selbst an den Lenker eines »heißen Ofens«. Die Zeiten der nur auf dem Soziasitz mitfahrenden Frauen scheinen mittlerweile fast dem Ende zuzugehen. Die Zahl der Motorradhalterinnen stieg seit Mitte der achtziger Jahre von 9 auf fast 13 Prozent – Tendenz stetig steigend. Laut dem Kraftfahrtbundesamt in Flensburg hat sich der Anteil von Motorradfahrerinnen seit 1986, als gerade mal gut 95 000 Maschinen auf Frauen zugelassen waren, in rund sieben Jahren mehr als verdoppelt. Zum Stichtag 1. Juli 1994 war die Zahl der Halterinnen bereits auf 235 528 gestiegen, jedes achte neue Motorrad wurde auf eine Frau zugelassen. Insgesamt sind in der Bundesrepublik mehr als 1.8 Millionen Motorradfahrer mit Maschinen über 80 ccm auf den Straßen unterwegs. Daß der Trend auch weiterhin anhalten wird, zeigt sich schon in den Fahrschulen: Dort sind mittlerweile fast 30 Prozent der Führerscheinneulinge weiblichen Geschlechts, manch eine Fahrschule registrierte sogar bereits 50 Prozent weibliche Fahranwärterinnen. Außerdem kann davon ausgegangen werden, daß noch viel mehr als von den Statistiken erfaßten Frauen den Spaß an der Freiheit auf zwei Rädern für sich entdeckt haben: Denn nicht jede Frau kauft sich gleich zu Beginn eine eigene Maschine, sondern nutzt zunächst auch das Motorrad ihres Ehemannes, ihres Freundes oder ihrer Freundin mit. Die 18- bis 25jährigen Frauen stellen laut einer Statistik des Kraftfahrtbundesamts vom 1. 7. 1993 mit rund 16 Prozent übrigens den größten Anteil der motorradfahrenden Frauenriege, dicht gefolgt von den 25- bis 40jährigen mit 13,2 Prozent und den über 40jährigen (rund 8,3 Prozent). Die Zahlen beweisen es: Das Motorrad hat seit Mitte der achtziger Jahre eine rasante Wandlung mitgemacht: Von der ausschließlichen Männer-Domäne zum Freizeit- und Sportgerät für beide Geschlechter. Auch die Motorradhersteller registrieren immer mehr Frauen als Neukundinnen: Zwischen 8 (Harley Davidson) und 25 Prozent (Yamaha) geben diese den Anteil der Frauen an den Käufen neuer Maschinen an. Und da in Deutschland – was den Motorradbereich angeht – nach der Einschätzung eines Branchenkenners die Trends gemacht werden, so wird es wohl nicht mehr lange dauern, bis motorradfahrende Frauen international als die normalste Sache der Welt angesehen werden.

Die typische »Motorradfrau«

Wie sieht sie nun aus, die typische Motorradfrau der neunziger Jahre? Einige interessante Ergebnisse bringt eine Untersuchung der »Women on Wheels« zutage, die 1994 Besucherinnen und Besucher einiger Motorradmessen zum Thema »Frauen und Motorrad« befragt hatten. Nach deren Aussagen ist die typische Motorradfahrerin selbstbewußt (21,3 Prozent), abenteuerlustig, mutig, sportlich, unabhängig, kameradschaftlich und freiheitsliebend (31,3 Prozent). Gleichzeitig hat sie keine Ahnung von Technik (8 Prozent), fährt ein zu großes Motorrad (4 Prozent), ist männerfeindlich (2,6 Prozent) und fährt immer hinterher (2 Prozent). Motorradfahrerinnen sind alles in allem schillernde Persönlichkeiten, wurde bei der Befragung ebenfalls deutlich: Motorradfahrende Frauen sind besonnen, trinken weniger, brauchen sich nichts zu beweisen, sind einfach Klasse oder Superfrauen. Sie haben weder Macho-Gehabe nötig, noch mögen sie Hierarchien, sind kompetent, lernfähig und werden oft bestaunt. Ansonsten sind sie frech, burschikos, alleinlebend und -fahrend, Draufgängerinnen, härter im Nehmen als andere Frauen und Individualistinnen. Sie machen gern Pausen, trinken Kaffee, sind immer gut drauf, witzig und Schminke ist ihnen sowieso egal, bemerkten die Befragten.

Aber auch kritische Kommentare, wie motorradfahrende Frauen sind angeberisch, haben keinerlei Hemmungen und/oder keine Ahnung vom Fahren oder fahren nur aus Imagegründen, waren zu hören. Von manchen Befragten wurden sie gar als Heizerinnen, Rockerbräute oder Hausfrauen, die ihrem Alltag entfliehen wollen, bezeichnet. Außerdem seien sie nicht kräftig genug (etwa zum Aufbocken) und möchten unbedingt immer gelobt werden.

Diese Untersuchung spiegelt natürlich subjektive Meinungen der einzelnen Befragten wider und kann nicht als allgemeingültig angesehen werden. Falls sich eine Motorradfahrerin in all diesen Kommentaren nicht wiederfinden konnte, ist das durchaus möglich: Denn eine ganze Menge der Befragten sagte schlicht und einfach: »Die typische Motorradfahrerin? Die gibt es nicht!« (Quelle: WoW-Messefragebogenaktion 1994.)

Motorradfahrende Frauen sind anders

Motorradfahrende Frauen sind anders – sie fahren anders, sie verhalten sich anders im Straßenverkehr, sie sehen ihr Motorrad anders – dies gibt es inzwischen auch schon schwarz auf weiß: In einer Studie der Professoren Ulrich Schulz (Universität Bielefeld) und Werner Hagstotz (Fachhochschule Pforzheim) beleuchteten Ende der achtziger Jahre im Rahmen einer Auswertung von repräsentativen Umfragen neben der Biographie von Bikerinnen auch deren Motivation und Vorlieben. Wichtigste Erkenntnis: »Frauen bevorzugen das genießerische, beschauliche Motorradfahren. Sportlichkeit und Wettbewerb stehen für sie nicht so stark im Vordergrund wie bei den Männern.«

Weibliche Fahrweise

Bei der Frage, welche Fahrweise Motorradfahrerinnen bevorzugen, liegt mit fast 50 Prozent die »Spazierfahrt« an erster Stelle, bei den männlichen Kollegen mit rund 42 Prozent dagegen die »sportliche Ausfahrt«. Auf kleineren, kurvenreichen Nebenstrecken zu fahren, macht für über 80 Prozent der Motorradfahrerinnen den besonderen Fahrspaß aus. Autobahnfahrten sind bei Frauen weniger beliebt, viel mehr dagegen das »ruhige Touren«. Fahrdynamische Anreize wie etwa extremes Kurvenfahren, starke Beschleunigung oder Hochgeschwindigkeit und Wettbewerb zählen bei Frauen im Vergleich deutlich weniger als bei männlichen Motorradfahrern. Insgesamt steht das Genießen des schönen Fahrerlebnisses bei Frauen mehr im Vordergrund als das Demonstrieren sportlicher fahrerischer Leistungen.

Nutzung des Motorrads

Motorradfahrerinnen nutzen ihre Maschinen besonders häufig zu Wochenendtouren und am Feierabend. Fast die Hälfte der Frauen fährt mit ihrer Maschine mittlerweile auch in den Urlaub. Hauptzweck der Motorradnutzung ist das Fahren als Freizeittätigkeit. In den Sommermonaten wird die Maschine von Frauen auch zunehmend zur Fahrt an den Arbeitsplatz verwendet.

Die Maschinenwahl

Fast die Hälfte der Frauen fährt Maschinen bis zu 27/34 PS, nur je ein Viertel der von Frauen bevorzugten Motorräder haben 50 PS und darüber. Sportliche Straßenmaschinen (38 Prozent) liegen knapp vor Tourenmaschinen (34,6 Prozent). Chopper liegen mit 16,3 Prozent in der Gunst der Frauen deutlich höher als bei den Männern (7,5 Prozent). An letzter Stelle mit nur 11 Prozent liegen schließlich die Enduros, die von Frauen wegen ihrer Sitzhöhe nicht so sehr beliebt sind (Männer: 13,4 Prozent).

Der Traum vom Motorrad

Im Gegensatz zu Männern hegen Frauen den Traum vom Motorradfahren nicht schon seit der Kindheit. Fast 60 Prozent werden durch den Freund oder Partner oder durch andere Frauen erst im Erwachsenenalter an das Motorradfahren herangeführt. Nur knapp 20 Prozent der in der Studie befragten Motorradfahrerinnen waren vorher schon aktive »Sozias«. Fürs Basteln und Schrauben zeigen Motorradfahrerinnen laut Studie im Gegensatz zu Männern allerdings kaum Interesse.

Jährliche Fahrleistung und Unfälle

Bei den jährlichen Fahrleistungen liegen Frauen mit durchschnittlich 7500 Kilometern deutlich hinter den Männern (rund 10 000 Kilometer) zurück. Wem die Zahl etwas hoch vorkommt: In der Studie wurden Motorradfahrer(innen) befragt, die ihr Bike das ganze Jahr angemeldet haben und es nicht ausschließlich für Freizeitfahrten benutzen. Motorradfahrerinnen sind außerdem durch ihre geringere Risikobereitschaft weniger unfallgefährdet als Männer. Das Unfall-

niveau von Frauen auf dem Motorrad bleibt stets unter dem von Männern.

Bildung

Bei den Motorradfahrerinnen dominieren laut Studie die mittleren bis höheren Schulabschlüsse, bei Motorradfahrern liegt der Hauptschulabschluß und die Lehre vorne. Die Hälfte aller Motorradfahrerinnen ist erwerbstätig, 20 Prozent sind Hausfrauen, 15 Prozent in der Ausbildung.

Alter

Motorradfahrerinnen sind relativ junge Frauen. Das Durchschnittsalter beträgt 25,7 Jahre. Sie sind damit rund drei Jahre jünger als Motorradfahrer.
(Quelle: Studie »Motorradfahrerinnen« von Prof. U. Schulz und Prof. W. Hagstotz, erschienen in VDI Berichte Nr. 1025, 1993.)

Wie Frauen ihr eigenes Motorrad sehen

Auf die Frage, was ihr das Motorrad denn bedeute, antwortete eine der »Women on Wheels«-Klub-Frauen: »Ich kann mit meiner Maschine Neues erleben, dem Alltag entfliehen, ganz so, wie die Männer es mit ihrer Geliebten machen.« Das Motorrad an Stelle eines Porsche oder Geliebten für die Frau? Ganz so abwegig ist dieser Gedanke nicht. Einfach mal alles hinter sich lassen, nur den Fahrtwind und die Geschwindigkeit spüren, auch mal kurz über die Stränge zu schlagen,

das reizt Frauen am Motorradfahren. Es ist natürlich auch wesentlich einfacher und weniger kostspielig, sich statt eines Geliebten oder eines Porsche ein Motorrad anzuschaffen. Eine erotische Beziehung – ob dies der Fall sei, wurde die vorher genannte WoW-Frau schon des öfteren von Journalisten gefragt – werden wohl die wenigsten Frauen zu ihrer Maschine hegen; ganz anders manche Männer, die verliebt von ihrer neuen »Suzie« (Suzuki) schwärmen. In dieser Hinsicht sind

Frauen wohl doch etwas nüchterner. Schließlich ist es immer noch das Motorrad oder ganz einfach eine Maschine, ein Objekt. Es läßt sich jedoch nicht leugnen, daß mancher Motorradfahrerin ihr eigenes Traum-Bike einfach das liebste Stück ist, das sie sich anfangs auch am liebsten ins Schlafzimmer stellen würde, wenn es möglich wäre. Und das »frau« ebenso mit stolzerfülltem Gefühl in der Brust ganz einfach nur mal so in der Garage »besucht«, auch wenn keine Ausfahrt geplant ist. Eine ganz besondere Beziehung, egal welche, wird wohl jede Frau zu ihrem Motorrad haben. Einfach weil ein Motorrad etwas ganz Besonderes ist. Ganz bestimmt ist es auch ein Traum, der endlich in Erfüllung gegangen ist.

Die Motorradfrauen von heute

Als reines Hobby-Fahrzeug hat das Motorrad schon viele Frauenherzen erobert, und es gibt immer mehr Frauen, die sich öfter als nur in ihrer Freizeit mit Motorrädern beschäftigen. Da gibt es die erstaunlichsten Berufe, von der Rallye-Fahrerin bis zur Motorrad-Stuntfrau. Aber auch in »normalen« Jobs, wie zum Beispiel als Stauberaterin oder als Polizistin, sind inzwischen schon einige Frauen auf zwei Rädern unterwegs. An dieser Stelle sollen die Motorradfrauen von heute in kleinen Porträts vorgestellt werden. Darin ist nicht nur einiges über ihre außergewöhnlichen Jobs, sondern auch über ihre Sicht des Motorradfahrens und ihre Erfahrungen als motorradfahrende Frauen zu lesen.

Jutta Kleinschmidt, Rallye-Fahrerin

Geboren 1962 in Köln, aufgewachsen in Berchtesgaden, lebt in München. Jutta Kleinschmidt ist wohl mittlerweile die bekannteste Motorradfrau Deutschlands, nicht zuletzt gilt sie auch als die beste Motorrad-Rallye-Fahrerin der Welt. Ein Fernsehbericht über die Rallye Paris – Dakar, die härteste Fernfahrt der Welt, weckte bei der studierten Physik-Diplomingenieurin die Sehnsucht nach Abenteuer und Geschwindigkeit. An schnelle Geschwindigkeiten war sie ohnehin schon gewöhnt, mit 14 fuhr sie in der deutschen Skibob-Nationalmannschaft, mit 17 in der deutschen Rodel-Nationalmannschaft mit. »Nach dem Fernsehbericht mußte einfach ein Motorrad her«, erinnert sie sich. Zum ersten Mal ging sie 1987 bei der Pharaonen-Rallye an den Start, nachdem sie wochenlang in ihrer Münchner Wohnung nach Büroschluß (sie arbeitete damals bei BMW als Systemanalytikerin) an ihrer ersten Rallye-BMW herumgeschraubt hatte. Obwohl Jutta mit ihren 24 Jahren recht spät in der Rallye-Szene aktiv wurde, waren ihre Erfolge sensationell: Viele ihrer männlichen Wüstenkollegen ließ sie damals ohne mit der Wimper zu zucken hinter sich. 1992 hängte sie schließlich ihren Bürojob ganz an

Jutta Kleinschmidt

den Nagel und machte sich als Rennfahrerin selbständig, 1994 wechselte sie vom Motorrad- zum Autorennsport. Auf ihre kräftezehrenden Rallyes bereitet sie sich durch Joggen, Mountainbike-Fahren und Gymnastik vor. Ihre Erfahrungen als Frau auf dem Motorrad sind nur positiv: Die Männerwelt hat Jutta akzeptiert, sie gehört einfach dazu und gilt als gefürchteter »Kollege«. Privat ist Juttas Lieblingsmaschine eine HPN BMW, mit zu hohen oder zu schweren Maschinen hatte sie nie Probleme. Sie hat geschafft, wovon viele träumen, nämlich ihr Hobby zum Beruf zu machen, nach dem Motto »Raus aus der eintönigen Berufswelt, rein ins Abenteuer«. Es hat funktioniert.

Dani F. Stein, Motorrad-Stuntfrau

Geboren 1966 in Karlsruhe, lebt in Berlin. Mit Drehterminen ist sie ganz schön ausgelastet, die bisher einzige Motorrad-Stuntfrau Deutschlands. Meist ist sie den ganzen Tag auf Achse. Dazu kommen Motivbesichtigungen, Besprechungen mit Produktionsfirmen, Vorbereitungen und das Training für die Stunts. Auch die jeweiligen Stunt-Motorräder repariert und präpariert sie eigenhändig. Zu ihrem ganz »normalen« Tagestraining gehören Autofahren, Schlägereien und das Proben von Stürzen. Wenigstens einmal pro Woche hält sie sich mit Motocrossfahren im Gelände fit. Ihre liebsten Hobbys

Dani F. Stein

sind Surfen, Snowboard-Fahren und Paragliding. Mit 14 Jahren ist die wagemutige Stuntfrau zum ersten Mal auf einem Motorrad gesessen. Warum sie das Motorradfahren so gereizt hat, kann sie wirklich nicht sagen. Aber Männer frage man das ja auch nicht, bei denen sei das ja einfach selbstverständlich, sagt sie – und bei ihr war das eben auch so. Deswegen war es für sie auch klar, mit 18 gleich den Auto- und Motorradführerschein zusammen zu machen. Eine Lieblingsmaschine hat sie nicht, durch ihren Job bedingt muß sie ohnehin alle Arten von Motorrädern fahren, von der Motocross-Maschine über die schnelle Rennmaschine bis zur dicken Harley. Und wenn ihr ein Motorrad wirklich zu hoch ist,

fährt sie es eben nicht. Wenn es sehr schwer ist, dann sei das ohnehin eine Frage der Geschicklichkeit und nicht der Kraft, sie wolle das Motorrad ja nicht tragen, sondern damit fahren, meint sie. Schlechte Erfahrungen als Frau auf dem Motorrad hat sie nie gemacht, im Stuntteam gibt es ohnehin keine Unterschiede zwischen ihr und den Jungs. Die einzigen Reaktionen, die sie von Männern kennt, seien Bewunderung oder Anerkennung. Anderen Frauen rät sie, daß sie sich beim Motorradfahren einfach mehr zutrauen sollen, »denn Frauen können alles genauso gut oder sogar besser«.

Anita Spindler

Anita Spindler, Polizistin

Geboren 1971 in Bruck in der Oberpfalz, arbeitet in München. Anita ist eine von bisher noch ganz wenigen motorradfahrenden Frauen der Münchner Polizei, die auch den dienstlich mit dem Zweirad unterwegs ist. Mit einer BMW K 75 geht sie (bei gutem Wetter) auf Motorradstreife im Münchner Osten – zieht Alkoholsünder aus dem Verkehr, stellt verkehrsunsichere Autos sicher und nimmt Verhaftungen vor. Später will sie in Eskorten Staatsbesuche auf dem Motorrad begleiten, aber das dauert noch eine Weile, da das Fahren in »Keilform«, mit dem eigenen Vorderrad ganz dicht am Koffer des Vordermanns äußerst schwierig ist und viel Übung erfordert. In ihrer Freizeit cruist die junge Polizistin mit einer Suzuki 1400 Intruder durch die Gegend – ihre Traummaschine, weil sie ziemlich einer Harley gleicht. Und obwohl die Maschine fast 260 Kilo wiegt, hatte Anita noch nie Probleme damit, weil sie relativ niedrig ist und sie mit den Füßen gut auf den Boden kommt. Von allen Männern wurde sie super akzeptiert, meint sie, die fanden es alle toll, daß sie eine eigene Maschine hat. Bei Touren ist Anita auch nicht zimperlich – 14 Stunden im Sattel – für sie kein Problem: »Wenn ich sitz', dann sitz'

Karin Vogler

ich«, meint sie selbstbewußt. Auch bei den zahlreichen Motorradtreffen, die sie regelmäßig besucht, wurde sie als Frau immer gleichbehandelt, denn unter Bikern halten alle zusammen, egal ob Frau oder Mann, freut sie sich.

Karin Vogler, ADAC-Stauberaterin

Geboren 1963 in der Hallertau, lebt in München. Wenn Karin auf einem Autobahnparkplatz auf ihrem Dienstmotorrad den Helm abnimmt, dann hört sie schon manchmal hinter vorgehaltener Hand den Satz: »Guck mal, das ist ja eine Frau!« Offene »Männermünder« hat sie auch schon oft ge-

nug erlebt, zum Beispiel, wenn sie ganz locker und selbstverständlich auf der Straße auch selbst Hand anlegt, einen Reifen wechselt, oder kleinere technische Mängel behebt. Sie sieht das aber von der heiteren Seite und fühlt sich keineswegs diskriminiert, wie sie sagt. In ihrem Job als Stauberaterin habe sie als Frau auch wesentlich weniger Probleme, mit den Autofahrer(innen) und deren Kindern ins Gespräch zu kommen. Zu ihrer täglichen Arbeit als »Staui« gehören nicht nur Beratungen und Hilfe für genervte Autofahrer, sondern auch kleinere Reparaturen an den Fahrzeugen und das Absichern von Unfallstellen. Sie selbst hatte wegen ihres Gardemaßes von 1,79 Metern nie

Probleme mit zu hohen oder zu schweren Maschinen. Geübt ist sie im Motorradfahren durch zahlreiche Sicherheitstrainings, die ein Stauberater zu Beginn jeder Saison absolvieren muß. Ein solches Training jedes Jahr im Frühjahr zu absolvieren, rät sie auch allen anderen Motorradfahrerinnen.

Motorradfahrerinnen organisieren sich in Klubs

Erst maulen die Männer bei Ausfahrten: »Jetzt müssen wir auch noch das Weib mitschleppen« oder »Da müssen wir ja wegen dir nach jeder Kurve anhalten«. Und nach der erfolgreich »bestandenen« Ausfahrt heißt es dann manchmal auch noch abschätzig: »Nicht schlecht – für 'ne Frau.« Solche und andere kluge Sprüche mancher männlicher »Biker-Kollegen« (nicht alle sind so, das soll an dieser Stelle betont werden), bewegen Frauen, in einen reinen Frauen-Motorradklub einzutreten. Viele wollen sich auch ganz einfach nicht den oft rein männlichen »Macker-Klubs« anschließen, in denen Frauen besonders als Anfängerinnen und mit meist schwächeren Maschinen mit nur 27 oder 34 PS ständig zu kämpfen haben. Andere Frauen aber sind wieder völlig dagegen, sich als motorradfahrende Frau auch noch in eigenen Klubs »abzuschotten«. Viele haben ja auch das Motorradfahren gerade wegen ihres Partners oder Freunds angefangen und wollen dann auch mit ihnen zusammen die Ausfahrten oder Urlaube genießen. Und wie bereits am Anfang betont wurde, sind auch nicht alle Männer so intolerant gegenüber Frauen. Im Gegenteil, viele sind äußerst kameradschaftlich und hilfsbereit, wenn Frauen mit ihrem Motorrad oder beim Fahren Probleme haben – das kann auch die Autorin aus ihrer Erfahrung bestätigen. Viele meinen es ja auch nur gut – zu gut vielleicht, was »frau« leicht als Herabwürdigung ihrer Fähigkeiten empfinden kann. Aber unter Bikern ist es halt einfach Ehrensache, sich untereinander zu helfen – egal, ob es nun eine Frau ist oder ein Mann. Keinen leichten Stand haben die Frauenklubs auch beim männlichen Geschlecht: Von einigen Männern werden die Frauenklubs ohnehin schon argwöhnisch als radikalfeministisch beäugt oder gar als »Zusammenschluß frustrierter Zicken« beschimpft. Allerdings scheinen die Klubfrauen mittlerweile auch ihre Ansichten über die schlimmen »Motorrad-Chauvis« etwas geändert zu haben: Da fragt sich eine WoW-Klubfrau auf der Meinungsseite »Zündbox« in der Zeitschrift »Motorrad« vom März 1995 bereits, ob die Chauvis möglicherweise doch sogar langsam aussterben, weil ihr auf ihrer letzten Tour nur nette Männer begegnet seien. Doch fühlt sie sich als motorradfahrende Frau noch immer nicht ganz gleichberechtigt, zum Beispiel, wenn ihr ein Mann gönnerhaft anbietet, sie durch die Spitzkehren auf einer Paßhöhe zu lotsen oder wenn – wie einer Freundin passiert ist – ein Hersteller von Motorradkombis die Oberarme viel zu eng schneidert mit dem lapidaren Argument:

»Das ist ein Beifahrerkombi, als Frau müssen Sie ja sowieso nicht die Arme an den Lenker vorstrecken.«

Kurz: Wie auch immer »frau« persönlich dazu steht: Mittlerweile gibt es bereits drei bundesweite Motorrad-Klubs in Deutschland, die ausschließlich Frauen aufnehmen. Die einen, wie etwa der Frauenmotorradklub »Hexenring«, sehen sich nur als lockerer Zusammenschluß »aus Spaß an der Freude«. Die »Women on Wheels« dagegen haben eine feste Organisation und setzen sich öffentlich für die speziellen Belange von motorradfahrenden Frauen wie zum Beispiel frauengerechte Motorradbekleidung und Maschinen, risikogerechte, also niedrigere Versicherungsprämien für Motorradfahrerinnen und vieles mehr ein. Die »WIMA« schließlich ist die älteste Verbindung motorradfahrender Frauen. Hier eine kleine Übersicht über die Geschichte und Angebote der drei deutschen Frauenmotorradklubs. Die Kontaktadressen sind im Anhang zu finden.

Die »WIMA«

Die WIMA (Women's International Motorcycle Association) ist die älteste Vereinigung von motorradfahrenden Frauen in Deutschland. Wie der Name schon sagt, ist die WIMA eine internationale Organisation, die bereits im Jahre 1937 in Phelps im Bundesstaat New York gegründet wurde. Die europäische Abspaltung der WIMA gibt es seit 1958. Sie wurde damals von drei holländischen Schwestern ins Leben gerufen, die einen Aufruf in der Zeitschrift »Das Motorrad« zur Gründung eines sportlichen Damenmotorradklubs veröffentlichten. Noch im selben Jahr veranstalteten die drei Gründungsfrauen ein einwöchiges Treffen in Schevenin-

WIMA

gen, zu dem bereits zehn Frauen, darunter auch ein paar Frauen aus Deutschland, kamen. Bis heute veranstalten die WIMA-Frauen regelmäßig einmal pro Jahr im Sommer eine Rallye-Woche, bei denen verschiedene Wettkämpfe wie Rennen oder Bildersuchfahrten ausgetragen werden. Die WIMA-Rallyes sind gleichzeitig spannende und lustige Treffen motorradfahrender Frauen, bei denen übrigens auch Männer willkommen sind. Bisher gab es bereits Treffen in fast allen europäischen Ländern wie Frankreich, Großbritannien, der Schweiz, Schweden, Österreich, Ungarn, Finnland und natürlich auch einige in Deutschland, zum Beispiel 1992 in Berlin. Nur in einem einzigen Jahr, nämlich 1961, mußte einmal ein Treffen abgesagt werden – wegen zu vieler Schwangerschaften, heißt es in der von der deutschen WIMA-Vorsitzenden FLOH PETIT

zusammengestellten Chronologie. Weil Deutschland viel zu groß ist, um auch übers Jahr andere Treffen und Aktionen zu organisieren, beschränkt sich die Aktivität der deutschen WIMA-Frauen lediglich auf die Teilnahme an den europäischen Treffen. In anderen Ländern, wie England, der Schweiz oder Holland, läuft dagegen wesentlich mehr an Gemeinsamkeiten, wie Stammtische, nationale Rallyes, gemeinsame Ausfahrten und Besichtigungen. In Deutschland gibt es inzwischen rund 200 WIMA-Mitgliedsfrauen. Der Mitgliedsbeitrag beträgt jährlich 10 DM.

Der »Hexenring«

Sie »reiten« auf zwei Rädern statt auf Besen, die inzwischen rund 300 Mitgliedsfrauen des Frauenmotorradklubs »Hexenring«. Den lockeren Zusammenschluß von motor-

Hexenring

radfahrenden Frauen aus dem gesamten Bundesgebiet und einigen Frauen aus Luxemburg, Belgien, Österreich, der Schweiz, Großbritannien und Frankreich ganz ohne Vereinsmeierei, Statuten und die obligatorischen Vorsitzenden gibt es seit 1979. Die Besonderheit: Der »Hexenring« ist nicht als Verein eingetragen, sondern sieht sich vielmehr als lose Vereinigung von kontaktfreudigen Motorradfahrerinnen zwischen München und Hamburg. Wie alles anfing: Die erste »Motorradhexe« RENATE SARDEMANN ergriff 1979 zusammen mit ihrer motorradfahrenden Freundin STEPHANIE GROTH die Initiative, ein Service-Netz für motorradfahrende Frauen zu organisieren. Dieses Netz sollte eine Art Notdienst sein, der nicht gewinnorientiert arbeitet und weiblichen Motorradfahrern Schutz und Sicherheit bietet. Daher auch der Name »Hexenring«: Alten Sagen zufolge sollen Frauen in einem Ring von Fliegenpilzen (»Hexenring«) Schutz vor Bösem finden. Damals gab es zwar bereits ein sogenanntes »Kradnetz«, das dieselben Ziele verfolgte, aber eben nur für Männer. »Und welche Frau will sich schon gern nachts in einer fremden Stadt einem Unbekannten anvertrauen?«, überlegten die Gründungsfrauen damals. Aus dieser ursprünglichen Idee ist inzwischen viel mehr geworden: Der »Hexenring« hat ein Kontaktnetz von »Mithexen« aufgebaut, das Frauen auf Reisen unterstützen soll. Also bei Pannen, oder wenn sie Übernachtungsmöglichkeiten unterwegs suchen. In den Niederlanden gibt es bereits eine Schwesterorganisation des »Hexen-

ring«, die »Motorsien«. Der »Hexenring« organisiert außerdem Reparaturkurse und Fahrlehrgänge für Frauen, gemeinsame Touren, Treffen und Stammtische. Männer sind – und das wird von den »Motorradhexen« immer wieder unumwunden betont – schlichtweg unerwünscht. Der Grund: »Der Leistungsdruck fällt ganz einfach weg, und die Angst, sich zu blamieren, wenn mal was nicht ganz so geklappt hat«, erklärt die Ansprechpartnerin im »Hexenring«, ILSE LAASER. Der Jahresbeitrag im »Hexenring« beträgt 20 DM. Dafür gibt es ein Adreßbuch, das laufend aktualisiert wird, sowie den viermal im Jahr erscheinenden »Hexenbrief« mit allerlei Lesestoff, von Reiseberichten bis zu News und Infos für motorradfahrende Frauen.

»Women on Wheels« (WoW)

Die Idee zur Klubgründung der Women on Wheels stammt eigentlich auch aus den USA: Eine der ersten WoW-Klubfrauen, die Düsseldorferin HEIKE GAWOR, hatte in Kalifornien durch eine Freundin einen überregionalen Motorradklub für Frauen kennengelernt, die »Women on Wheels«. Einen richtigen Frauenklub gab es – bis auf die kleine deutsche Abspaltung der europäischen »WIMA« und dem »Hexenring«, der sich ja ohnehin nicht explizit als Klub versteht, bis dahin noch nicht: So importierte Heike die Idee kurzerhand nach Deutschland. Das war 1985. Inzwischen haben die deutschen Women on Wheels rund 300 Mitgliedsfrauen in ganz Deutschland. Zur WoW gehören motorradbegeisterte

Women on Wheels

Frauen von 18 bis 80 Jahren, von der Schülerin bis zur Unternehmerin, von der Mini-Chopper- bis zur Superbike-Fahrerin. Der Klub bietet gemeinsame Touren, Treffen und regelmäßige Stammtische in ganz Deutschland an, organisiert Schrauberkurse und Sicherheitstrainings nur für Frauen und vermittelt Kontakte zu anderen motorradfahrenden Frauen. Alle Frauen im Verein erhalten eine Liste mit Kontaktadressen, an die sich »frau« wenden kann, wenn sie eine Panne hat, Hilfe braucht, eine Übernachtungsmöglichkeit sucht oder ganz einfach nicht alleine fahren möchte. Außerdem setzen sich die WoW-Frauen in der Öffentlichkeit für mehr Sicherheit im Straßenverkehr und die speziellen Belange von motorradfahrenden Frauen ein: Vor allem fordern sie ein besseres Image und größere Akzeptanz von Motorradfahrerinnen, frauengerechte Motorradkleidung und Maschinen, risikogerechte, das heißt niedrigere Versicherungsprämien für Motorradfahrerinnen und eine stärkere Präsenz von Frauen in bundesweiten Motorradgremien. Eine der wichtigsten und auch bekanntesten Aktionen der WoWs ist seit 1991 die jährliche Verleihung eines sogenannten »Goldenen Abfalleimers« an Firmen oder Medien, die Frauen in diskriminierender oder sexistischer Weise dargestellt haben. 1994 wurde der Abfallkübel, außen gold und innen lila, beispielsweise an die Zeitschrift »mopped« verliehen. Die Zeitschrift erhielt den »Preis«, so die WOWs in einer Presseerklärung, für ihr bevorzugt veröffentlichtes Frauenbild, das motorradfahrende Frauen gern auf ihre körperlichen Attribute reduziert und somit dazu beiträgt, daß Frauen auf Motorrädern als nicht gleichberechtigte

Verkehrsteilnehmer angesehen werden. In den Jahren zuvor ging die Auszeichnung an den hessischen Helmhersteller »Levior«, der mit einer zum Roboter stilisierten, spärlich bekleideten Frau für seine Produkte geworben hatte, sowie an die Zubehörfirma »Polo«, die in ihrer Anzeigenreihe »We are family« mehrfach Frauen zu wenig bekleideten Dekorationsstücken reduziert hatte. Auch in Zukunft wollen sich die WoW-Frauen, die eigens eine Ansprechpartnerin für frauenfeindliche Werbung haben, energisch gegen diskriminierende und sexistische Darstellungen von motorradfahrenden Frauen wehren. Trotz ihres Engagements für motorradfahrende Frauen sind die WoWs kein Klub gegen Männer: Freunde, Ehemänner, Kinder und sonstiger Anhang sind bei gemeinsamen Ausfahrten tolerierte Gäste. Bei der Jahreshauptversammlung allerdings haben Männer keinen Zutritt, sondern werden mit einem speziellen »Herrenprogamm« beschäftigt. Der Klubbeitrag beträgt 80 DM im Jahr, für Schülerinnen, Studentinnen, Arbeitslose 50 DM. Dafür gibt es die Kontaktadressenliste, Rundbriefe und eine Klubzeitung, die zehnmal im Jahr erscheint.

Die Qual der Wahl: Welche Maschine, welches Zubehör?

Ein eigenes »Frauenmotorrad« gibt es nicht und soll es auch in Zukunft nicht geben, so die übereinstimmende Auskunft der Hersteller. Zwar haben sich viele Firmen schon auf den immer größer werdenden Markt der Frauen eingestellt und Verbesserungen an den Maschinen vorgenommen, wie etwa BMW oder Aprilia, die ihre Einsteigermodelle »F 650« und »Pegaso« inzwischen mit niedrigeren Sitzhöhen ausliefern. In Zukunft werde man die Bedürfnisse von Frauen stärker in die Modellplanungen einbeziehen, wenn auch (vorerst) keine eigenen Frauenmodelle konzipiert werden, heißt es bei einigen Herstellern. Aber egal, es ist schließlich nicht schlimm, daß es keine eigenen Frauenmodelle gibt: Ein nur für Frauen produziertes Motorrad braucht es auch gar nicht. Denn jede Frau kann im Grunde auch jedes Motorrad fahren. Vorausgesetzt, sie fühlt sich wohl auf der Maschine. Auch einige Männer haben kürzere Beine, wiegen nicht 80 Kilo, sind nicht 1,80 Meter groß und haben genau dieselben Probleme mit zu großen oder zu schweren Maschinen.

Die Wahl der passenden Maschine

Die Grundvoraussetzung zum Wohlfühlen ist die Fähigkeit, die Maschine richtig beherrschen zu können. Zu hohe Maschinen sind für Anfängerinnen mit kürzeren Beinen deshalb weniger zu empfehlen. Auch von zu »schweren Brocken« mit über 200 Kilo Gewicht sollten Anfängerinnen lieber die Finger lassen. Mit einer handlichen, nicht zu schweren Maschine können die typischen Anfangsschwierigkeiten wie Rangieren und Aufbocken sowie Fahren bei niedrigen Geschwindigkeiten bis 20 oder 30 km/h viel leichter gemeistert werden.
Wer ständig Angst haben muß, daß das Bike kippt, hat eindeutig die falsche Maschine gewählt. Bei besonders »hochbeinigen« Enduros ist die Gefahr des Kippens übrigens etwas größer, weil ihr Schwerpunkt höher liegt. Allerdings hat eine Enduro den Vorteil, einen breiten Lenker zu haben, so daß die Ma-

schine bei niedrigen Geschwindigkeiten viel besser ausbalanciert werden kann. Nach einigen hundert Motorradkilometern und mehr Fahrroutine werden viele schnell merken, daß das Fahren auch mit höheren Maschinen wunderbar funktioniert und es reicht, wenn der Boden nur mit den Fußballen und nicht mit der ganzen Fußsohle zu erreichen ist. Dann wird auch jede darüber lachen, wie sie sich am Anfang noch beim Herausschieben aus der Garage, beim Aufbocken oder Rangieren ungeschickt angestellt hat. Es gehört einfach Übung dazu, genauso wie fürs Ein- und Ausparken beim Auto. Nur Geduld, mit der Zeit kommt das schon von ganz alleine. Der schlimmste Faktor ist Unsicherheit: Wer ständig Angst hat, daß irgendwas passiert, womit »frau« vielleicht nicht zurechtkommen könnte, hat schon verloren. Also ganz cool und entspannt an die Sache herangehen, auch wenn der Freund, Partner,

Tankwart oder sonstwer mit kritischem Blick danebensteht. Selbst wenn die Maschine einmal umfällt, ist das keine Schande. Denn bisher ist noch jedem Motorradfahrer seine Maschine einmal aus Versehen umgekippt. Aber keine Sorge, auch für das Aufheben und Aufbocken der Maschine gibt es Tricks, die im Kapitel »Danke, ich schaff's auch alleine« noch näher beschrieben werden. Also: Lieber fürs erste nicht zu groß einsteigen und eine niedrigere Sitzhöhe wählen (Sitzbank notfalls zusätzlich noch »abspecken« oder die Federwege verringern lassen). Auch beim Gewicht zuerst einmal ein bißchen sparen.

■ **Tip:** Bei Motorrädern besonders darauf achten, daß alle Bedienungsteile leichtgängig sind. Frauen mit kleinen Händen sollten auch aufpassen, daß Kupplungs- und Bremshebel nicht zu viel Abstand vom Lenkergriff haben!

Chopper, Enduro oder Straßenmaschine?

Ehe sich »frau« ihr Traummotorrad aussucht, sollte sie sich über ihre persönlichen Anforderungen an das Motorrad Gedanken machen: Was will ich mit der Maschine unternehmen? Soll sie nur für gelegentliche Ausfahrten in der Freizeit genutzt werden oder soll es ein reines Fortbewegungsmittel sein? Will ich auch mal auf unbefestigten Straßen oder im Gelände damit fahren? Soll die Maschine auch reisetauglich sein? Grundsätzlich gibt es drei verschiedene Kategorien von Motorrädern.

Enduros

Der Begriff »Enduro« kommt aus dem Spanischen und bedeutet so viel wie »Ausdauer«. In den frühen siebziger Jahren stellten japanische Hersteller erstmals diese Art von Motorrädern her, die sowohl für die Straße als auch fürs Gelände tauglich sind. Enduros haben längere

Federwege und somit mehr Boden-freiheit, Reifen mit gröberem Pro-fil und wiegen etwas weniger als gleichwertige Straßenmodelle. Es gibt Modelle, die ein etwas größeres Tankvolumen haben, was der Reisetauglichkeit zugute kommt.

Soft-Chopper

Im ursprünglichen Sinn sind Chop-per Eigenbaumotorräder, die vor allem in den USA oft zu sehen sind. To »chop up« bedeutet so viel wie »zerhacken, austauschen«. In An-lehnung an die aus dem Film »Easy Rider« bekannt gewordene Maschi-nen bieten viele Hersteller heute so-genannte »Soft-Chopper« mit etwas »gemäßigterem« Aussehen an: Ty-pisch sind ein breiterer Hinter-reifen, eine lange Gabel mit schma-lem Vorderrad, ein hoher Lenker und eine tief angeordnete, abge-stufte Sitzbank. Soft-Chopper ha-ben eine geringe Bodenfreiheit und eignen sich daher weniger für einen sportlichen Fahrstil. Große Schräg-lagen sind nicht möglich. Die oft kleinen Tankinhalte zwingen zu häufigen Tankstopps.

Straßenmaschinen

Vom Aussehen her eigentlich die »normalsten« Motorräder, die Sport und Komfort gleichermaßen in sich vereinen. Die Straßenmaschinen sind generell nur für Fahrten auf befestigten Straßen konzipiert. Die sportlicheren Straßenmaschi-nen sind eher für eine geduckte, ja fast liegende Fahrweise ausgelegt, die sogenannten »Straßentourer« für ein aufrechtes, entspanntes Fah-ren. Besonders Straßentourer eig-nen sich sehr gut für Langstrecken-fahrten und Reisen.

Die »Einsteigermodelle«

Für Frauen, die gerade ihren Schein gemacht haben, ist es am klügsten, sich auf die sogenannten »Einstei-germodelle« zu konzentrieren. Her-steller kennen die typischen Anfän-gerprobleme und haben deshalb für diese Zielgruppe spezielle Modelle im Programm. Diese sind nach den Angaben der verschiedenen Her-steller (bis auf Suzuki) auch die von Frauen meistgekauften und belieb-testen Maschinen. Hier eine kleine Auswahl der »Einsteigermodelle«, ihre wichtigsten Daten und Be-sonderheiten, geordnet nach Endu-ros (E), Soft-Chopper (SC) und Straßenmaschinen (S). Alle gezeig-ten Maschinen besitzen einen Elek-trostarter.

APRILIA »Pegaso« 650 (E)

APRILIA »Pegaso« 650

Steckbrief
Gewicht: 180 Kilo – **Sitzhöhe:** 810 Millimeter – **Motor:** Einzylinder-Vier-takt-Motor – **Leistung:** 34 oder 48 PS – **Verbrauch:** 6,3 Liter – **Tankinhalt:** 14 Liter – **Preis:** z. Z. ca. 10 550 DM.
Besonderheit: Für die älteren »Pegaso«-Modelle kann über die A+G Motor-rad Bielefeld eine abgespeckte Sitzbank bezogen werden (Sitzhöhe kann da-durch von 870 auf 830 Millimeter reduziert werden).

BMW F 650 »Funduro« (E)

BMW F 650 »Funduro«

Steckbrief
Gewicht: 189 Kilo – **Sitzhöhe:** 810 Millimeter oder 760 Millimeter (auf Wunsch) – **Motor:** Einzylinder-Viertakt-Motor – **Leistung:** 34 PS oder 48 PS – **Verbrauch:** 5,3 Liter bei 120 km/h (48-PS-Maschine: 6,3 Liter) – **Tankinhalt:** 17,5 Liter – **Preis:** z. Z. ca. 11 500 DM – **Besonderheit:** Ungeregelter Katalysator gehört in Deutschland, Österreich und der Schweiz zum Serienumfang.

SUZUKI DR 350 SE (E)

SUZUKI DR 350 SE

Steckbrief
Gewicht: 144 Kilo – Sitzhöhe: 900 Millimeter – **Motor:** Einzylinder-Vier-takt-Motor – **Leistung:** 30 PS – **Verbrauch:** 5,2 Liter – **Tankinhalt:** 9 Liter – **Preis:** z. Z. ca. 8650 DM.

HARLEY DAVIDSON Sportster Hugger XL 883 (SC)

HARLEY DAVIDSON Sportster Hugger XL 883

Steckbrief
Gewicht: 230 Kilo – **Sitzhöhe:** 687 Millimeter – **Motor:** V-Zweizylinder-Viertakt-Motor – **Leistung:** 34 oder 46 PS – **Verbrauch:** 5,2 Liter – **Tankinhalt:** 8,5 Liter – **Preis:** z. Z. ca. 15 250 DM.
Besonderheit: Der Chopper-Klassiker schlechthin, jedoch etwas schwer und ruppig.

HONDA VT 600 »Shadow« (SC)

HONDA VT 600 »Shadow«

Steckbrief
Gewicht: 199 Kilo – **Sitzhöhe:** 690 Millimeter – **Motor:** V-Zweizylinder-Viertakt-Motor – **Leistung:** 34 oder 39 PS – **Verbrauch:** 4,8 Liter – **Tankinhalt:** 11 Liter – **Preis:** z. Z. ca. 12 710 DM.

YAMAHA XV 250 »Virago« (SC)

YAMAHA XV 250 »Virago«

Steckbrief
Gewicht: 147 Kilo – **Sitzhöhe:** 685 Millimeter – **Motor:** Zweizylinder-Viertakt-Motor – **Leistung:** 17 PS (als XV 535 34 oder 46 PS) – **Verbrauch:** 4,6 Liter – **Tankinhalt:** 9,5 Liter – **Preis:** z. Z. ca. 7740 DM (als XV 535 9790 DM).

HONDA CB 500 (S)

HONDA CB 500

Steckbrief
Gewicht: 170 Kilo – **Sitzhöhe:** 775 Millimeter – **Motor:** Zweizylinder-Viertakt-Motor – **Leistung:** 34, 50 oder 58 PS – **Verbrauch:** 5,3 Liter – **Tankinhalt:** 18 Liter – **Preis:** z. Z. ca. 9660 DM.

KAWASAKI Estrella (S)

KAWASAKI Estrella

Steckbrief
Gewicht: 142 Kilo – **Sitzhöhe:** 775 Millimeter – **Motor:** Einzylinder-Vier-takt-Motor – **Leistung:** 17 PS (23 PS in Vorbereitung) – **Verbrauch:** 3,3 Li-ter – **Tankinhalt:** 14 Liter – **Preis:** z. Z. ca. 7760 DM.
Besonderheit: Nostalgisches Aussehen, angelehnt an die Bikes der fünfziger Jahre, leider nur Einzelsattel.

MuZ Silver Star Classic 500 (S)

MuZ Silver Star Classic 500 mit Seitenwagen

Steckbrief
Gewicht: 146 Kilo – **Sitzhöhe:** 750 Millimeter – **Motor:** Einzylinder-Vier-takt-Motor (wahlweise mit Katalysator) – **Leistung:** 34 PS – **Verbrauch:** 4,9 Liter – **Tankinhalt:** 13 Liter – **Preis:** z. Z. ca. 9057 DM. **Besonderheit:** Auch als Gespann erhältlich. Seitenwagen: MuZ-Velorex mit Vierpunkt-Anschluß, Seitenwagenrad gebremst mit Trommelbremse.

SUZUKI GS 500 E (S)

SUZUKI GS 500 E

Steckbrief
Gewicht: 188 Kilo – **Sitzhöhe:** 790 Millimeter – **Motor:** Zweizylinder-Viertakt-Motor – **Leistung:** 24 oder 36 PS – **Verbrauch:** 4,9 Liter – **Tankinhalt:** 20 Liter – **Preis:** z. Z. ca. 7790 DM.

Das »Outfit« zum Motorrad

Das richtige »Outfit« zum Motorradfahren ist zu allererst einmal das sicherste: Ohne geeignete Schutzkleidung sollte sich »frau« niemals aufs Bike schwingen. Auch an den sonnigsten und heißesten Sommertagen darf keine Ausnahme gemacht werden: Keinesfalls ohne die komplette Ausrüstung, also Ledersachen, Handschuhe, feste Stiefel und Nierengurt fahren!

■ Wie die Klamotten letztlich aussehen, ist natürlich jeder Bikerin selbst überlassen. Erlaubt ist alles, was gefällt. Und es muß auch nicht immer die teuerste oder neueste Motorradmode sein.

■ **Tip:** Auch mal in speziellen Motorrad-Secondhand-Shops nach Ausrüstung schauen! Dort gibt es oft wenig getragene und neuwertige Ausrüstung zu günstigen Preisen.

Haare und Schmuck

Frauen mit längeren und langen Haaren sollten sich zum Biken immer einen Zopf flechten oder die Haare unter der Jacke verstauen: Erstens fliegen die Haare nicht im Blickfeld herum und zweitens »verwuseln und vernesteln« sie sich nicht beim Fahren. Gut verstaut sind die Haare ganz einfach besser aufgehoben, vor allem, weil sie durch die Auspuffabgase einen ganz schön strengen Geruch annehmen können! Schmuck, besonders Ketten mit dicken Anhängern, sind wegen der Verletzungsgefahr bei einem Sturz nicht zu empfehlen. Auch von Ohrringen und Haarspangen ist eher abzuraten: Beim Helmaufziehen keine Haarspangen, die auf den Kopf drücken, oder Ohrringe, die leicht herausgerissen werden können, tragen!

Das Zubehör

Gerade beim Zubehör kommen viele Frauen oft ins Dilemma. Woher nun einen passenden Helm bekommen, wenn selbst die gängigste kleinste Helmgröße (also XS) noch wie ein Eierbecher auf dem Kopf herumschwimmt? Oder einen Lederkombi, der nicht prall wie eine Wurstpelle anliegt oder aber dessen Arm- und Beinlängen erst mal um viele Zentimeter gekürzt werden müßten? Irgendwie scheint es sich bei manchen Herstellern immer noch nicht ganz herumgesprochen zu haben, daß weibliche Figuren etwas anders aussehen als männliche! Inzwischen haben aber schon viele Bekleidungsfirmen richtig gut passende Frauenmodelle in ihrem Angebot.

Die richtige »Haut«

Bei der Motorradkleidung gilt dieser Grundsatz noch viel mehr als bei den Motorrädern: »frau« muß sich einfach darin wohl fühlen. Auch der von den Farben am besten zum Bike passende Lederkombi bringt gar nichts, wenn vor lauter Enge die Arme oder Beine nicht abgeknickt werden können. Auch die Ausrede, »da nehme ich schon noch ein bißchen ab«, ist bei von Anfang an viel zu engen Ledersachen völlig nutzlos. Zwar geben die Ledersachen nach einiger Tragezeit ein bißchen nach. Aber ob das noch in der ersten Saison passieren wird, ist fraglich. Erfahrungsgemäß nimmt man auch trotz guter Vorsätze oft keinen Millimeter ab und wenn, dann bestimmt an den falschen Stellen. Zu bedenken ist auch, daß für niedrigere Temperaturen noch ein Pulli drunterpassen muß. Sollte bei zahlreichen entnervenden Anproben in den verschiedensten Bekleidungsläden wirklich nichts richtig passen, kann letztlich nur noch eine Maßanfertigung helfen. Diese Maßanfertigungen von Lederhosen oder Kombis sind allerdings nicht gerade billig.

■ **Tip:** Die Herstellung von Ledersachen ist in Italien oft etwas günstiger als in Deutschland.

Leder

Sicherheit geht vor – auch bei der zweiten »Haut«. Lederkombis oder Lederjacke und Hose, am besten mit Latz wegen des gleich integrierten Nierenschutzes, sind für normale Temperaturen und Wetterverhältnisse am meisten zu empfehlen. Allerdings sind Ledersachen bei den nicht zu vermeidenden Regenfahrten nicht dicht, an den Nähten quillt oft das Wasser durch. Zu allen Lederkombis gehört deshalb auch der unvermeidliche und nicht zu enge Regenkombi, der über die Ledersachen gezogen werden kann.

■ **Tip:** BMW bietet übrigens als erster Hersteller bereits einen wasserdichten Lederkombi an.

Lederkombi

Microfaser

All-Season-Wear aus Microfaser

Wer wirklich allwettertaugliche Motorradklamotten sucht, sollte sich Kleidung aus Microfaser anschaffen. Die ist wasserdicht und atmet trotzdem gut. Weiterer Vorteil: Die Jacken liegen nicht so eng an wie Lederjacken und können mit einem Gürtel für flatterfreien Sitz zusammengeschnürt werden. Zudem haben die Jacken viel »Stauraum« durch große Reißverschlußtaschen (praktisch, weil man nicht auch noch extra einen Rucksack mitnehmen muß). Die Microfaseranzüge sind geeignet für kühlere bis hin zu heißen Temperaturen. Bei großer Hitze kann das warme Innenfutter per Reißverschluß herausgenommen werden.

Außerdem sind die Sachen in Leuchtfarben und mit Lichtreflektoren erhältlich.

Nierenschutz

Der Nierengurt ist ein äußerst wichtiges Zubehör beim Motorradfahren, vor allem für Frauen, die sowieso anfällig für Unterkühlungen im Blasen- und Nierenbereich sind. Der Nierengurt hält die inneren Organe zusammen und schützt sie vor Auskühlung. Frauen sollten darauf achten, daß der Nierengurt nicht zu weit ist und wirklich eng um den Bauch anliegt. Am besten Gurte mit verstellbarem Klettverschluß wählen.

Protektoren

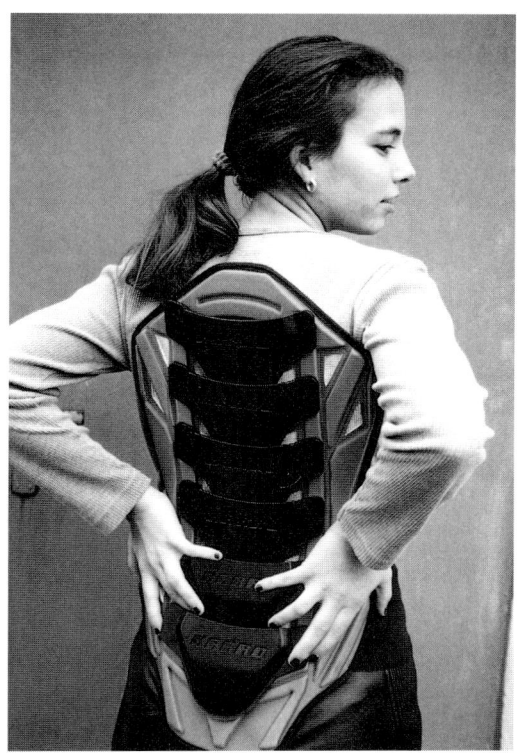

*Wirbelsäulenschutz
durch Protektor*

Die Verletzungsgefahr bei Stürzen kann durch Bekleidung mit integrierten Protektoren erheblich verringert werden. Protektoren sind Schalen aus Hartplastik oder festem Schaumstoff, die im Schulter-, Ellenbogen- und Kniebereich in Jacken und Hosen eingenäht sind. Äußerst sinnvoll ist auch die Anschaffung eines »Rückenpanzers«, der die Wirbelsäule bei einem Sturz schützt und Schläge oder Stöße beim Fahren absorbiert. Sehr zu empfehlen ist der Rückenprotektor der Firma HARRO, der äußerst stabile Lamellen aus Hartplastik und eine gute Paßform hat.

Der Helm

Nicht jeder Kopf paßt in jeden Helm, diese leidige Erfahrung müssen Frauen oft entnervt beim Helmkauf feststellen. Verfügbar sind in den meisten Geschäften die Größen »XS« (52/53 Zentimeter Kopfumfang) bis »XXL« (62/63 Zentimeter). Außerdem gibt es noch einige Zwischengrößen. Hier gehen in den meisten Fällen die Probleme schon los: Was tun, wenn »frau« genau zwischen »XS« und »S« liegt oder gar einen noch kleineren Helm als »XS« bräuchte? Durchprobieren heißt hier die Devise, denn viele Helme haben eine unterschiedlich dicke oder nachgiebige Füllung. Sollte die kleinste Größe wirklich immer noch zu groß sein: Viele verzweifelte Helmsucherinnen wurden bereits bei der Firma Schuberth fündig, die Größen ab 48 Zentimeter Kopfumfang anbietet. BMW-Helme gibt es ab einem Kopfumfang von 50/51 Zentimetern. Der Hersteller Shoei bietet außerdem die Größe »XXS« (51/52 Zentimeter) an. Und sollten die kleinsten Helme immer noch nicht passen: Vielleicht tun es auch spezielle Jugendhelme (siehe im Kapitel »Kinder«), die auch in puncto Sicherheit laut Hersteller keine Nachteile bieten.

Integral- oder Jethelm?

Eine grundsätzliche Entscheidung ist bereits vor dem Kauf zu treffen: Soll es ein Integral- oder Jethelm sein? Generell gilt: Ein Integralhelm ist sicherer, weil die Gesichtspartie bei Unfällen wesentlich besser geschützt ist. Außerdem wird jeder bei kaltem oder schlechtem Wetter und Insektenflug über den Kinn- und Augenschutz eines Integralhelms dankbar sein.

Die Paßform

Bei zu großen Helmen besteht die Gefahr, daß sie bei einem Unfall vom Kopf gezogen werden. Zu kleine Helme können dagegen Kopfschmerzen und ein unerträgliches Beklemmungsgefühl verursachen. Manche Helme geben nach mehrmaligem Tragen ein wenig nach, vor allem, wenn die Innenpolsterung recht dick und nachgiebig ist.

Integralhelm

Tips für den Helmkauf:

■ Zu Hause den Kopfumfang feststellen: An der dicksten Stelle des Kopfes, sprich über den Ohren, mit einem Maßband nachmessen.

■ Viel Zeit nehmen (jeden Helm rund zehn Minuten aufbehalten), in mehreren Geschäften vorbeischauen.

■ Alle verfügbaren Helme in der entsprechenden Größe anprobieren, auch mal eine Nummer drüber oder drunter nehmen (nicht vom Verkäufer hetzen lassen!).

■ Bei der Anprobe kräftig den Kopf schütteln und nicken: Der Helm darf dabei nicht hin- und herrutschen. Außerdem darf er sich nicht von hinten abziehen oder auf dem Kopf drehen lassen.

■ Nicht vergessen: Kinnriemen richtig einstellen und verschließen. Achtung: Der Kinnriemen darf nicht auf Backen oder Kiefer drücken oder beim Schlucken stören.

■ Sitzhaltung auf dem Motorrad simulieren. Die Sichtkante darf nicht zu tief unter den Augenbrauen liegen – beim Fahren ist es äußerst störend, wenn die obere Helmkante im Blickfeld ist.

■ Achtung: Kontaktlinsen zu Hause lassen und Helm auf Brillentauglichkeit prüfen! Nicht-Brillenträgerinnen sollten bedenken, daß eventuell auch noch eine Sonnenbrille unter den Helm passen muß, ohne zu drücken.

■ Auf ein breites Sichtfenster des Visiers achten. Das Visier muß sich mit der »behandschuhten« Linken leicht öffnen und in mehreren Stufen arretieren lassen.

■ Eventuell Anti-Beschlag-Visier anschaffen.

■ Bei zwei gleich gut passenden Helmen ist auf jeden Fall der leichtere zu bevorzugen.

■ Haarspangen und Ohrringe zu Hause lassen!

Schuhe

Modische Schuhe wie Cowboy-Stiefel oder Biker-Boots aus Leder mögen zwar top aussehen, bringen aber letztlich kaum etwas für die Sicherheit. Auch von Halb- oder Turnschuhen ist beim Motorradfahren völlig abzuraten, zu leicht können sie bei einem Sturz vom Fuß gezogen werden. Am besten sind Stiefel aus starkem Leder oder Kunststoff mit Schienbein- und Knöchelschutz sowie verstärkter Kappe vorne. Sie sehen zwar etwas martialisch aus, verringern aber die Verletzungsgefahr erheblich.

Die Handschuhe

Handschuhe müssen sein, auch an heißen Sommertagen! Es empfiehlt sich, gleich zwei paar Handschuhe anzuschaffen: Ein Paar gefütterte Winterhandschuhe sowie dünnere Sommerhandschuhe aus Leder oder Kunststoff. Die Handschuhe sollten genau passen, also weder zu lange Finger haben noch zu eng sein. Deshalb im Laden gleich die »Lenkerhaltung« simulieren und die Finger abknicken.

Wie kriege ich meinen Einser? – Was beim Führerscheinmachen zu beachten ist

Die Wahl der passenden Fahrschule

Schnell soll es gehen und möglichst wenig Geld soll es kosten – nach diesen Kriterien suchen sich viele Fahranfängerinnen ihre Fahrschule für den Einserführerschein aus. Ist ja egal, fahren kann ich sowieso, denken viele, die ihren Autoführerschein schon lange in der Tasche haben und jetzt noch die Fahrerlaubnis für die Klasse 1 a nachholen wollen. Wäre doch gelacht, wenn »frau« bei so vielen Jahren unfallfreier Fahrpraxis nicht auch noch schnell mal den Motorradführerschein schaffen würde. Tips von Freunden, wie »bei der Fahrschule XY geht es besonders schnell, außerdem ist es superbillig«, kommen da gerade recht. Wer solchen zwar gutgemeinten Empfehlungen folgt, wird es spätestens dann bereuen, wenn es zum ersten Mal mit dem eigenen Führerschein in der Tasche allein auf die Straße geht. Denn: Wer seinen Führerschein nur schnell mal so »runterreißt« und deshalb zu wenige der wichtigen Fahrstunden hat, kann schon bei der ersten Gefahrensituation in Schwierigkeiten kommen. Die rich-

tige Fahrpraxis und den Umgang mit einem Motorrad schon in der Fahrschule gründlich zu erlernen, ist das A und O eines späteren unbeschwerten und sicheren Fahrens. »Wichtige« Fahrstunden sind nicht nur die Pflichtstunden, sondern vor allem die Stunden auf dem Übungsplatz.

Auswahlkriterien

Insgesamt rund 15 000 Fahrschulen gibt es in Deutschland, und die richtige, oder vielmehr für seine persönlichen Bedürfnisse passende herauszufinden, ist leider gar nicht so einfach. Vor allem auch, weil es einige schwarze Schafe unter den Instituten gibt, bemängelt die Bundesvereinigung der Fahrlehrerverbände. Doch gibt es viele Kriterien, an denen gerade Frauen erkennen können, ob die Fahrschule für sie geeignet ist oder nicht.

1. Der Fuhrpark

Alte, zerbeulte Maschinen in der Garage, die womöglich schon mit

Spinnweben überzogen sind, sprechen nicht gerade für die Qualität der Firma. Für Frauen ist es zudem wichtig zu wissen, ob der Fuhrpark überhaupt auf die Bedürfnisse der weiblichen Fahrerinnen ausgerichtet ist: Gibt es eine oder besser mehrere (wichtig, wenn eine Maschine mal wegen Reparatur ausfällt) Motorräder für kleinere Menschen mit kürzeren Beinen und weniger Kraft (also etwa kleinere Straßenmaschinen, Soft-Chopper oder Enduros mit abgespeckter Sitzbank)? Ein Probesitzen vor der endgültigen Anmeldung kann schnell klären, ob die Sitzhöhe und das Gewicht der vorhandenen Bikes passen oder nicht. Auf jeden Fall sollte das »feeling« stimmen. Paßt die Maschine oder macht sie einem womöglich sogar ein wenig Angst? Also: Unbedingt darauf bestehen, vor der Anmeldung den Fuhrpark inspizieren zu dürfen!

2. Das Zubehör

Ausschlaggebend für die Wahl der Fahrschule sollte auch der Bereich »Zubehör« sein: Da sich viele Fahranfängerinnen nicht sofort ihre gesamten Klamotten inklusive Helm und Handschuhe zulegen wollen, sollte die Fahrschule sowohl Schutzkleidung (Regenkombi, Thermohosen für kalte Witterung, Lederjacken möglichst mit Protektoren) als auch Helme in kleineren Größen anbieten können. Denn wer nur mit Jeans und dünner Lederjacke fährt, kann sich bei einem Sturz Abschürfungen oder schlimmere Verletzungen holen. Eine dementsprechende Ausrüstung kostet die Fahrschule natür-

lich viel Geld, so daß diese sicherlich nicht zu den billigsten gehören wird. Besonders preiswerte Fahrschulen sind außerdem oft mit Vorsicht zu genießen: Sie werden von ehemaligen Schülerinnen und Schülern nicht weiterempfohlen und sind deshalb gezwungen, über den Preis neue Fahrschüler zu werben.

3. Der Fahrlehrer/ die Fahrlehrerin

Der/die ausbildende Fahrlehrer/in sollte möglichst ein eigenes Motorrad besitzen und idealerweise auch in seiner Freizeit oft mit dem Motorrad fahren. Viele Anfängerinnen fühlen sich sicherer, wenn der Fahrlehrer in den ersten Stunden auf einem zweiten Motorrad mitfährt. Es gibt sogar ganz mutige Fahrlehrer, die sich auf den Soziussitz schwingen. Frauen fühlen sich möglicherweise bei einer Fahrlehrerin wohler. Doch das kann natürlich jede nach ihrer eigenen Sympathie und Vorliebe entscheiden. Vielleicht ist es möglich, eine Theoriestunde noch vor der Anmeldung zu besuchen. Dort läßt sich schon ganz gut feststellen, ob man mit dem Typ Fahrlehrer/in zurechtkommt oder nicht. Ein Wechsel der Fahrschule nach Beginn der Ausbildung ist zwar möglich, aber natürlich mit zusätzlichen Kosten verbunden.

4. Die Termine

Ein Anruf bei den Fahrschulen der näheren Umgebung kann schon vieles klären: Wenn ein Fahrlehrer beispielsweise keine oder nur ausweichende Auskünfte zum Thema Motorrad erteilt, kann dies ein Hinweis dafür sein, daß die Klasse 1 a sowieso nur als »fünftes Rad am Wagen« mitläuft. Vorsicht auch bei Terminvereinbarungen: Hat der Fahrlehrer nur »Zwischenrein-Schiebetermine« oder nur ganz in der Früh oder ganz spät abends gerade eine Stunde frei, ist dies schon verdächtig. Möglicherweise ist diese Fahrschule hoffnungslos überlastet.

5. Die Intensivkurse

Den Führerschein bei einer sogenannten Ferienfahrschule in nur zwei oder drei Wochen zu absolvieren, mag zwar verlockend sein, aber wird von vielen nicht empfohlen. Meist ist die Zeit viel zu kurz, um ein richtiges Fahrgefühl und die nötige Sicherheit auf dem Motorrad zu erlangen. Noch dazu liegen viele dieser Fahrschulen im Umland, so daß das Fahren im stressigen Verkehr einer Großstadt überhaupt nicht oder nur äußerst selten geübt wird.

Checkliste für die Auswahl der richtigen, oder vielmehr passenden Fahrschule

■ Hat die Fahrschule einen ordentlichen Fuhrpark?
■ Gibt es auch für kleinere und zierliche Frauen geeignete Motorräder und passendes Zubehör?
■ Ist der ausbildende Fahrlehrer selbst aktiver Motorradfahrer?
■ Kann der Fahrlehrer seine Schülerinnen möglicherweise mit einem zweiten Motorrad begleiten?
■ Sind die Theoriestunden, zumindest zum Teil, motorradbezogen?
■ Beginnt die Ausbildung zunächst auf einem ausreichend großen und verkehrsfreien Platz (= Schonraum?).

Der richtige Zeitpunkt

Von den kalten Wintermonaten einmal abgesehen, läßt sich zu jeder Jahreszeit der Führerschein machen. Für die rund 25 Fahrstunden und die notwendigen Theoriestunden (insgesamt zehn Theoriestunden für Anfänger, die bereits den Führerschein der Klasse 3 besitzen) müssen rund zehn Wochen gerechnet werden. Möglicherweise läßt sich diese Zeit noch ein wenig verkürzen, wenn die Fahrschule Filialen hat und an mehreren Abenden Theorieunterricht anbietet. Viele werden natürlich darauf brennen, mit dem frisch erworbenen Führerschein noch im gleichen Jahr schöne Motorrad-Touren zu unternehmen. Dies ist bei einem Beginn im Frühjahr auch noch möglich. Achtung: Es empfiehlt sich, den notwendigen Papierkram bei den Ämtern rechtzeitig zu erledigen! In der Regel kommen die notwendigen Papiere für die Prüfung nach rund drei bis vier Wochen, manchmal aber auch erst viel später! Der Hochsommer ist für einen Beginn weniger zu empfehlen, da viele Fahrschulen eine Sommerpause haben und möglicherweise drei bis vier Wochen schließen. Apropos Urlaub: Auch der eigene Urlaub sollte generell nicht in die Fahrschulzeit gelegt werden, da ein Teil der bereits erworbenen Übung und Routine schnell wieder verloren sein kann. Besser ist es, die Fahrstunden und die anschließende Prüfung an einem Stück durchzu-

ziehen. Im frühen Herbst – also im September oder Anfang Oktober – noch mit dem Führerschein anzufangen, hat den Vorteil, daß viele Fahrschulen nun nicht mehr so überlaufen sind wie im Frühjahr. Außerdem ist es gut, wenn die Anfängerin bereits während den Fahrstunden mit den herbstlichen Motorradproblemen wie Laub auf den Straßen, widrigem Wetter oder tief stehender Sonne konfrontiert wird. Wer schon in der Fahrschule gelernt hat, damit umzugehen, tut sich später viel leichter!

Die Kosten

Wer den Führerschein der Klasse 1 a neu machen oder auch erst einige Jahre nach dem Autoführerschein nachholen will, muß mit folgenden Kosten rechnen (Zahlen einer durchschnittlichen Großstadtfahrschule, Stand 1995):

- Grundgebühr (Theorieunterricht, Versicherung, Verwaltungskosten) 300.–
- Fahrstunden (45 Minuten) je 55.–
- Sonderfahrten (Autobahn, Überland, Nachtfahrt) je 70.–
- Bücher und Prüfungsbögen 40.–
- Vorstellung zur Prüfung 250.–
- TÜV-Gebühren 200.–
- Anmeldegebühren bei der Behörde 62.–
- Unfallhilfekurs 35.–

Letzterer gilt nur für diejenigen, die bisher noch keinen Führerschein

gemacht haben. Es kann aber nicht schaden, einen Erste-Hilfe-Kurs noch mal zu absolvieren, weil erfahrungsgemäß vieles oder möglicherweise sogar alles über die Sofortmaßnahmen am Unfallort in Vergessenheit geraten ist.

Insgesamt kostet der Schein rund 2000 Mark, je nach Zahl der Fahrstunden (und möglicherweise Fahrprüfungen). Billiger kommt es, wenn der 1 a-Schein gleich mit dem »Dreier« zusammen gemacht wird, da dann die gesamten Gebühren nur einmal fällig werden. Seit April 1992 gilt eine neue Regelung für Absolventen des 1 a-Führerscheins: Er kann nach zwei Jahren ohne nochmalige Fahrstunden und Prüfung auf den normalen »Einser« umgeschrieben werden. Die Beschränkung auf das Fahren von Maschinen bis zu 25 kw/34 PS ist damit aufgehoben.

Die berühmte erste Fahrstunde

Irgendwann kommt der Tag, an dem es kein Zurück mehr gibt: Die Anmeldung ist perfekt, der Termin für die erste Fahrstunde fix gemacht. Selbst den eingefleischtesten Autofahrerinnen und erfahrensten Sozias kann dieser Moment ganz schön Bauchschmerzen bereiten. Gerade diese erste Fahrstunde ist auch mir noch deutlich in Erinnerung. Vor allem, weil ich damals mit Grauen an meine erste Fahrstunde im Auto denken mußte, als ich mit schweißnassen Händen und einem unheimlichen Geruckle das Auto mehr schlecht als recht vorwärts bewegte. Und jetzt auch noch mit Handgas und Fußschaltung? O Gott. Ausgerechnet mußte es am Tag der ersten Fahrstunde auch noch regnen, so richtig aus allen Kübeln. Für den Fahrlehrer war sehr zu meiner Erleichterung klar, daß es unter solchen Umständen gar keinen Zweck hatte, sich aufs Bike zu setzen. Also Gnadenfrist bis zum nächsten Mal. Dann aber gab es wirklich kein Zurück mehr . . . Doch keine Sorge, auch beim Motorradfahren wird nur mit Wasser gekocht! Die erste Fahrstunde ist jedenfalls recht zäh: Es ist nicht ganz leicht, sich mit den Instrumenten vertrautzumachen, mit dem Lenken und Schalten der schweren Maschine zurechtzufinden. Auch wenn der Überblick über den Verkehrsfluß vom Autofahren her kein Problem ist: Das Motorradfahren ist trotzdem eine Sache für sich. Völlig fehl am Platz ist Panik: Immer mit der Ruhe, auch wenn es anfangs gar nicht so toll funktioniert. Und auf gar keinen Fall gleich zu Beginn denken: »Das lerne ich nie, Motorradfahren ist doch nichts für Frauen« oder dergleichen. Denn viele Männer stellen sich sehr oft genauso ungeschickt an wie Frauen.

Vorsicht vor zu großer Euphorie

Vielleicht geht es Dir auch so: Die ersten Fahrstunden gingen wider Erwartens doch recht gut, die Euphorie, endlich selbst eine schwere Maschine lenken zu können, herrscht noch vor. Doch dann kommen erfahrungsgemäß die ersten Ernüchterungen: Wenn zum Beispiel die Maschine an der Ampel fast umfällt oder wenn auf dem Übungsplatz die Geschicklichkeits- und Bremsübungen überhaupt nicht richtig funktionieren. Diejenigen, die bereits Auto fahren können, sollten sich nicht zu sicher fühlen. Denn das Schild einer Tempo 30-Zone ist schnell übersehen, und das kann bei der Prüfung leicht den Schein kosten. Schludrigkeiten, die man sich beim Autofahren angewöhnt hat, werden jetzt besonders deutlich: Zum Beispiel das in der Prüfung und natürlich auch im normalen Straßenverkehr verlangte Umschauen und Blinken beim Losfahren, das Einordnen in die rechte der beiden vorhandenen Abbiegespuren, das zweimalige Umsehen beim Abbiegen. Trotz jahrelanger Fahrpraxis heißt es nun aufzupassen wie ein Luchs. Auch die Beherrschung der Maschine oder das Kurvenfahren ist nach mehreren Fahrstunden komischerweise nicht mehr so problemlos wie zu Beginn. Mit der Zeit stellt sich anscheinend ein rationales Denken für alles ein, was am Anfang noch instinktiv oder rein gefühlsmäßig geklappt hat, zum Beispiel beim Kurvenfahren oder beim Umkehren auf einer engen Straße. Selbst nach der zehnten oder fünfzehnten Fahrstunde kann es noch passieren, daß man in einer unvorhergesehen stressigen Situation die Bremse mit der Kupplung verwechselt oder das Gas aus Versehen aufreißt. Fast verzweifelt wollen viele angesichts solcher Schwierigkeiten den Traum des Motorradfahrens einfach wieder in die letzte Ecke ihres Gehirns verbannen und den Führerschein ganz schmeißen. Doch jetzt wäre es wirklich falsch, aufzugeben. Durchhalten, einfach weitermachen, bis das Fahren mehr oder weniger in Fleisch und Blut übergeht – heißt die Devise.

■ **Tip:** Mit dem Fahrrad oder Mountainbike das Drücken und Kurvenfahren üben!

Die Prüfung

Irgendwann schlägt schließlich bei allen mal die Stunde: Die Pflicht- und Übungsfahrstunden sind absolviert, der Fahrlehrer meldet einen mit mehr oder weniger Überzeugung zur einstündigen Prüfung an. Ob es nun ein ganz »böser« oder »lieber« Prüfer ist, weiß keiner vorher so genau. Aber im Grunde ist es ja auch ganz egal, was für einer – Prüfer bleibt Prüfer und die Angst zu versagen, immer die gleiche. Positiv ist vielleicht, daß der Prüfer nur im Auto hinterherfährt, man also keinen persönlichen Kontakt oder gar Augenkontakt über den Rückspiegel mit ihm hat wie bei der Prüfung mit dem Auto. Wichtig ist, sich nur auf das eigene Fahren und den Verkehr zu konzentrieren und nicht immer über das hinterherfahrende Fahrschulauto samt Prüfer nachzudenken. Auch wenn es bei den besonders wichtigen Brems-, Ausweich- oder Geschicklichkeitsübungen auf dem Parkplatz nicht so gut klappen sollte: Der Prüfer weiß, daß jeder aufgeregt ist und gesteht auch mehrere Versuche zu.

Die erste Ausfahrt nach der Prüfung

Der allererste Ausflug auf dem Motorrad nach bestandener Prüfung ist wahrscheinlich der spannendste: Natürlich wird sich jede freuen, endlich einmal allein ohne das lästige Fahrschulauto im Rükken die Freiheit auf zwei Rädern zu genießen. Aber komischerweise fehlt dann manchmal doch irgendwas, die Sicherheit, daß im Hintergrund jemand sofort zur Stelle ist, wenn ein Mißgeschick oder eine Panne passiert. An dieses Gefühl, völlig alleine mit der Maschine zu sein, müssen sich die meisten Fahranfän-

Die allererste Ausfahrt

gerinnen erst einmal gewöhnen. Manche fühlen sich sicherer, wenn sie die ersten Ausfahrten nicht ganz alleine unternehmen. Es könnte ja sein, daß das Bike doch mal umfällt – und dann ist womöglich niemand da, der einem helfen kann. Bei gemeinsamen Ausfahrten gilt aber: Immer als erste vorausfahren, damit sich die anderen nach dem Fahrniveau der Anfängerin richten können. Die, die immer hinterherhetzen und schauen muß, daß sie den Anschluß nicht verliert, gerät besonders am Anfang leicht in Panik. Am meisten bringt es jedoch, die ersten Ausfahrten ganz alleine zu »bestehen«, auch wenn es nur ganz kurze Strecken sind. Auch vor zu euphorischen Gefühlen bei der ersten Ausfahrt sollte gewarnt sein:

Leicht überschätzen Anfängerinnen ihre Fahrkünste und machen vor lauter Glücksgefühl viele, viele Fehler. Hier sei auch noch der weise Ausspruch eines alten Fahrlehrers angemerkt: »Ein Führerschein ist letztlich nur die Berechtigung zum Erlernen des Fahrens . . .«.

Tips:

■ Erst einmal kleinere Runden, sei es auch nur zur nächsten Tankstelle, unternehmen.

■ Am Anfang nur mit wirklich rücksichtsvollen, umsichtigen und geduldigen Motorradfahrerinnen bzw. -fahrern zusammen fahren. Sich nicht hetzen lassen und immer als erste vorausfahren, weil damit der Blick auf die Straße geschult wird.

Ein Bike muß her
– Tips für die Anschaffung

Das Budget

Klarer Fall, der Führerschein ist in der Tasche, jetzt muß auch ein Bike her. Und das möglichst schnell. Für alle, die sich ein eigenes Motorrad zulegen wollen, heißt es aber, sich nicht kopflos die erstbeste Maschine zu kaufen, sondern zu planen. Denn nicht nur das Motorrad will bezahlt sein, sondern auch die gesamte Ausrüstung wie Schutzkleidung, Helm, Nierenschutz und stabile Stiefel. Eventuell wollen sich einige auch Zubehörteile wie Koffer, Tankrucksack oder Diebstahlsicherung zulegen. Außerdem sind die Fixkosten wie Versicherungs-beitrag und Steuer nicht zu vergessen. Natürlich muß man auch an den laufenden Unterhalt der Maschine wie Inspektionen und mögliche Werkstattkosten denken! Eine sinnvolle Investition ist ferner ein Sicherheitstraining (mehr darüber im Kapitel »Sicherheit geht vor«). Und das alles kostet Geld . . .

■ **Tip:** Wichtige Informationen über die laufenden Kosten eines Motorrads findest du in den Testberichten verschiedener Motorradzeitschriften.

Alt oder neu?

Wenn du dir keine brandneue Maschine zulegen kannst oder willst, kaufe als technikunerfahrene Anfängerin ein rund zwei bis drei Jahre altes Motorrad mit nicht zu hohem Kilometerstand (rund 5000 bis 10 000 Kilometer). Von uralten und billigen Bikes lieber die Finger lassen, es sei denn du hast einen guten Motorradmechaniker in der Bekanntschaft oder kannst die Verschleißreparaturen selbst machen.

Oft gibt es auch Maschinen, die zwar etwas älter sind, aber gut gepflegt und noch völlig in Ordnung. Andererseits kann selbst eine nagelneu aussehende und erst wenige Monate alte Maschine bereits einen schweren Unfall mit Rahmenschaden gehabt haben. Es empfiehlt sich deshalb, jede Maschine vor dem Kauf genauestens unter die Lupe zu nehmen!

Gebrauchte Maschinen vom Händler oder privat kaufen?

Wenn du von Technik überhaupt keine Ahnung hast, wende dich beim Gebrauchtmotorradkauf an einen Händler. Das hat den Vorteil, daß dieser eine Garantie auf die Maschine gibt und sicherstellt, daß das Motorrad zuvor fachgerecht auf seine Funktionsfähigkeit überprüft wurde. Beim Händler kann sich die Käuferin auch viel mehr Zeit beim Aussuchen lassen, denn beim Handel über privat ist meist das Beste schnell vergeben. Der Handel mit Privatleuten kann risikant sein, denn Laien können beim »Kauf auf Augenschein« leicht einige Macken übersehen.

Die günstigste Jahreszeit

Die beste Zeit zum Motorradkauf ist zweifellos der Winter. Die Maschinen sind oft billiger, und die Auswahl ist größer als im Frühjahr, wenn alle Welt Motorräder kauft. Vor allem in der Zeit vor Weihnachten sind die Preise von Gebrauchtmotorrädern auf dem Privatmarkt und bei den Händlern auf ihrem jahreszeitlichen Tief. Allerdings kann im Winter eine Probefahrt wegen widriger Straßenverhältnisse äußerst problematisch sein. Erkundige dich vorher, ob das Motorrad angemeldet und eine Probefahrt möglich ist.

Der Motorradkauf von privat

Wer sich kein Motorrad vom Händler zulegen will, macht sich am besten zunächst über die Preise in den Kfz-Anzeigen der örtlichen Tagespresse oder in Anzeigenblättern wie »Kurz und Fündig«, »Zweite Hand«, usw. schlau. Auch in den Motorradfachzeitschriften gibt es ein breites Angebot an Gebrauchtzweirädern. Nachteil ist hier, daß die Anbieter über den ganzen deutschsprachigen Raum verteilt sind und die Maschine dann irgendwo abgeholt werden muß. Achtung: Gerade beim Motorradkauf sind gewisse Grundkenntnisse und technisches Verständnis nötig, um nicht eine »Gurke« angedreht zu bekommen. Am besten ist es, sich von einer erfahrenen und kundigen Bikerin (oder einem Biker) vor allem bei der Besichtigung vor Ort beraten zu lassen. Vier Augen sehen bekanntlich auch mehr als zwei.

Vorbereitungen

Vor der telefonischen Kontaktaufnahme solltest du einen Fragenkatalog zusammenstellen: Wie viele Vorbesitzer gab es? Ist das Motorrad zugelassen (bei über einjähriger Stillegung ist zur Wiederzulassung ein Gutachten vom TÜV erforderlich)? Ist die Maschine bereits auf 27/34 PS gedrosselt (wichtig für Fahranfänger)? Sind alle Anbauteile original? Hat der Besitzer Zubehör und Anbauteile im Kfz-Brief eintragen lassen? Wurden regelmäßig Inspektionen durchgeführt? Ist eine Probefahrt möglich?

Vor Ort

Mit dem Verkäufer bzw. der Verkäuferin des Gebrauchtmotorrads können vor Ort folgende Fragen schon mal abgeklärt werden:

■ Wie lange liegt der letzte TÜV-Termin zurück? Eine TÜV-Abnahme vor kurzer Zeit bietet die Gewißheit, daß die Maschine verkehrssicher ist. Vorsicht: Dies ist keine Garantie, daß mit der Maschine technisch wirklich alles in Ordnung ist!

■ Gibt es ein Kundendienst-Scheckheft mit regelmäßigen Eintragungen? Regelmäßige Inspektionen der Maschine lassen auf einen guten technischen Allgemeinzustand des Bikes schliessen.

■ Wieviele Vorbesitzerinnen bzw. -besitzer hatte die Maschine schon? Ein von nur einem Besitzer lange gefahrenes Bike kann darauf hindeuten, daß der Vorbesitzer wirklich damit zufrieden war. (Umgekehrt kann es natürlich auch ein Indiz sein, daß die Maschine nun reparaturanfällig geworden ist und der Bestizer sie »loshaben« will.)

Weitere wichtige Punkte

■ Besitzverhältnisse klären: Lieber von der Besitzerin oder vom Besitzer selbst und nicht von einem »Zwischenhändler« kaufen. Sie oder er weiß selbst am besten über Fragen rund um ihre oder seine Maschine Bescheid. Achtung: Der Bestizer, das heißt, derjenige, der die Maschine hauptsächlich gefahren ist, muß nicht automatisch als Eigentümer im Brief eingetragen sein (die Maschine kann auch auf den Ehemann, Vater oder Mutter angemeldet gewesen sein).

■ Zur Probefahrt wird dem Interessenten in der Regel der Kfz-Schein (nicht der Kfz-Brief) mitgegeben. Der Verkäufer kann den Personalausweis des Interessenten als Pfand behalten. Vorsicht: Bei einem Ausrutscher oder Sturz während einer Probefahrt muß der Interessent für den Schaden aufkommen! Sehr nützlich ist es, das Motorrad vor der Abfahrt gemeinsam genau anzusehen, damit der Besitzer nicht nachher behaupten kann, die Schrammen oder Beulen seien vorher noch nicht gewesen! Dies gilt auch, wenn man sich ein Motorrad von jemandem ausleiht.

Besichtigung der Maschine

Wichtige Checkpunkte beim Kauf einer gebrauchten Maschine:

- **Motor:** Tritt Öl oder Wasser am Motor aus? (Auch nach der Probefahrt noch mal schauen.) Springt der Motor zuverlässig, spätestens nach fünf Sekunden an? Im Standgas auf harte mechanische oder Rasselgeräusche achten (deutet auf Motorschaden hin).
- **Antrieb:** Kette prüfen. Läßt sie sich deutlich vom Kettenrad abheben, ist die Kette verschlissen. Ein abgenutztes Kettenrad ist an spitz geformten Zähnen (»Sägezähnen«) zu erkennen.
- **Räder und Reifen:** Profiltiefe kontrollieren; sie sollte mindestens drei Millimeter betragen. Stimmen Reifen und Typ mit den Angaben im Fahrzeugschein überein? (Sondergrößen müssen eingetragen sein). Ist Rost an Drahtspeichenrädern? Festgerostete Speichen lassen sich nicht mehr nachspannen.
- **Instrumente und Beleuchtung:** Scheinwerfer, Bremslicht, Blinker sowie Kontrolleuchten für Öl, Leerlauf, Blinker prüfen. Lassen sich Kupplung und Gas leicht bedienen? Gasgriff muß aus jeder Stellung selbsttätig in die Grundstellung zurückdrehen.
- **Bremsen:** Läßt sich der Bremshebel zu leicht an den Gasgriff ziehen, ist das Bremssystem schlecht entlüftet oder undicht.

*Genauer Check
vor dem Kauf*

Vorsicht vor Probefahrt! Überprüfung der Bremsschläuche: Sind Risse zu erkennen? Tritt Flüssigkeit aus?

- **Sonstiges:** Verkleidung auf Schleifspuren untersuchen, sie können auf einen Sturz hindeuten. Auch die Lenkergriffenden, Rahmen, Armaturen und Auspuff untersuchen! Abgeschliffene Fußrasten und Endschalldämpfer sind Hinweise auf eine »sportliche« Fahrweise des Besitzers. Läßt sich das Lenkradschloß einwandfrei schließen, ohne zu haken?
- **Probefahrt:** Am besten sowohl auf der Autobahn als auch auf der Landstraße fahren. Lassen sich die Gänge leicht einlegen, ist die Kupplung leichtgängig oder »rupft« sie? Dreht der Motor ohne zu ruckeln und ohne sich zu »verschlucken«? Bei niedrigem Tempo kleine Bögen fahren und schauen, ob die Lenkung dabei hakt oder schwer geht. Bei etwa 50 bis 80 km/h den Lenker loslassen. Vorsicht, immer zugriffsbereit bleiben! Zieht die Maschine stark in eine Richtung, ist der Rahmen möglicherweise verzogen. Im Zweifelsfall: Lieber nicht kaufen. Dasselbe gilt bei Lenkerflattern zwischen 60 und 80 km/h oder Hochgeschwindigkeits-Pendeln (zwischen 100 oder 140 km/h).

Probefahrt auf der Landstraße

Die Formalitäten

Nachdem sich Verkäufer und Käufer über den Preis einig geworden sind, sollte ein vorgefertigter Kaufvertrag (erhältlich bei den Versicherungen oder Automobilklubs) unterschrieben werden. Der Verkäufer muß Fahrzeugbrief und -schein aushändigen, wenn die Summe vollständig bezahlt wurde. Nicht vergessen: Die Betriebsanleitung, die Ersatzschlüssel und das Werkstatt-Service-Heft mitnehmen.

Überprüfung nach dem Kauf

Wer sich nicht sicher ist, ob das Motorrad möglicherweise doch gravierende Mängel hat, kann innerhalb von 14 Tagen nach dem Kauf beim TÜV oder einem örtlichen Automobilklub eine Überprüfung durchführen lassen. Bei größeren Mängeln (über 500 Mark) kann das Fahrzeug wieder zurückgegeben werden. Voraussetzung hierfür ist ein eigener Vermerk im Kaufvertrag. Und wenn der Verkäufer dies nicht unterschreiben will, ist wahrscheinlich sowieso irgendwas faul an der ganzen Angelegenheit.

Die Zulassung

Um sich doppelte Wege zur Zulassung zu ersparen, hier eine Checkliste für die erforderlichen Papiere:

- Personalausweis oder Paß (bei Anmeldung auf einen anderen Namen: Vollmacht und Personalausweis des zukünftigen Halters).
- Fahrzeugbrief und Fahrzeugschein.
- Nummernschilder, wenn ein Kennzeichenwechsel erforderlich ist (also bei Ummeldungen vom Landkreis auf die Stadt, oder Zulassung in einer anderen Stadt).
- Versicherungs-Doppelkarte. Sie wird vom zuständigen Versicherungsvertreter kurzfristig zugeschickt.
- Bargeld! (Die Ämter nehmen keine Schecks oder Karten.) Der Kaufvertrag muß nicht mitgebracht werden.

Vom Umgang mit der neuen Maschine

Jedes Motorrad ist ein wenig anders, hat andere Instrumente, Funktionshebel und liegt anders auf der Straße. Es empfiehlt sich, gleich beim Kauf den Händler über die grundlegende Bedienung des Motorrads zu befragen. Zum Beispiel: Wie funktioniert das Ankicken? Wo befindet sich das Bordwerkzeug? Wie ist das Fahrverhalten des Motorrads, in Kurven, beim Bremsen, usw.? Beim Kauf von Maschinen über privat entweder den früheren Besitzer fragen oder nach dem Kauf bei einem Motorradhändler der entsprechenden Marke vorbeifahren und einfach kurz beraten lassen. Bei zu hohen Maschinen gleich erkundigen, ob eine Sitzbankabspeckung oder eine Verringerung der Federwege möglich ist.

Das Einfahren eines neuen Bikes

Ein neues Motorrad sollte erst einmal rund 3000 Kilometer eingefahren werden. Das heißt, den Motor nicht gleich bis zu seiner Drehzahlgrenze zu beanspruchen. Autobahnen zunächst meiden, besser kurvige Landstraßen mit häufigen Geschwindigkeitswechseln fahren. Den ersten Ölwechsel nach 1000 Kilometern nicht vergessen! Generell gilt: Beim Einfahren schonend vorgehen, aber den Motor auch ruhig ab und zu mal fordern, das heißt öfters kräftig beschleunigen.

Versicherungsschein zur
Nr.   PKR
BITTE BEI ALLEN ZUSCHRIFTEN A
VERSICHERUNGSNEHMER

Frau
Barbara Bredl

Günstig versichern
– aber wie und wo?

Haftpflicht-, Teil- oder Vollkaskoversicherung

Die Haftpflichtversicherung ist gesetzlich vorgeschrieben. Grundsätzlich sind die Versicherungsbeiträge für eine Maschine mit über 37 kW/50 PS höher als für eine mit 25 kW/34 PS. Neben der Haftpflicht- sollte eine Teilkaskoversicherung abgeschlossen werden, mit der das Motorrad gegen Diebstahl, Brand, Folgen von Sturm, Hagel, Blitzschlag, Überschwemmung, Zusammenstoß mit Haar-

wild und Kurzschlußschäden an der Verkabelung versichert ist. Eine Vollkaskoversicherung für Motorräder, die auch bei selbstverschuldeten Unfällen für Schäden am eigenen Motorrad aufkommt, ist meist äußerst kostspielig und lohnt sich in vielen Fällen nicht. Die Kaskoversicherungsbeiträge lassen sich erheblich reduzieren, wenn sie mit Selbstbeteiligung abgeschlossen werden!

Auswahl der Versicherungsgesellschaft

Ein Preisvergleich vor Abschluß des Motorradversicherungsvertrags ist auf jeden Fall lohnenswert. In Testzeitschriften oder Zeitschriften von Automobilklubs werden regelmässig Preisvergleiche veröffentlicht.

Suche dir die günstigste aus, denn es gibt oft große Unterschiede. Hast du schon einen bestehenden Autoversicherungsvertrag, überlege dir eventuell einen Wechsel.

Versicherungen für Frauen

Inzwischen bieten Versicherer sogenannte »Lady-Tarife« an. Außerdem gibt es den Schweizer Direktversicherer »Ladies first«, der günstige Prämien ausschließlich für Frauen anbietet. Bei genauerem Vergleich sind jedoch spezielle

Frauentarife genauso teuer wie andere, warnt eine Branchenkennerin. Am besten ist es, sich bei den einzelnen Gesellschaften über ihre Versicherungsleistungen genauestens zu informieren.

Erst- oder Zweitfahrzeug und Schadensfreiheitsrabatt

Egal, ob ein Motorrad als Erst-, Zweit- oder Drittfahrzeug angemeldet wird – der Basisbeitrag beginnt immer bei 100 Prozent (Auto: 175 bis über 200 Prozent). Bei absoluter Schadensfreiheit reduziert sich der Betrag auf 90 Prozent im zweiten Jahr, im dritten auf 70 Prozent und im vierten auf den geringsten Beitrag von 50 Prozent. Mit der Haftpflichtversicherung sind der Eigentümer, der Halter und der jeweilige Fahrer versichert (also auch jemand, der sich das Motorrad ausleiht – entsprechender Führerschein natürlich vorausgesetzt). Bei einer Stillegung von bis zu sechs Monaten bleibt der Schadensfreiheitsrabatt erhalten. Verluste des Rabatts erfolgen bei jedem Haftpflichtschaden, jedoch nie weiter als bis zum Basisbetrag von 100 Prozent. Hast du bei einem Unfall ein fremdes Fahrzeug nur geringfügig beschädigt, solltest du überlegen, ob du die Reparaturkosten nicht aus eigener Tasche zahlst. Das kann unter Umständen günstiger sein als zum Beispiel eine Rückstufung von 50 auf 70 Prozent.

Im Winter abmelden?

Wer sein Motorrad über den Winter abmeldet, sollte bedenken, daß selbst bei schönem und trockenen Wetter das Motorrad nicht benützt werden kann. Überlege dir generell, ob eine Abmeldung wirklich sinnvoll ist. Erstens sind für die Formalitäten an der Zulassungsstelle sowohl für die An- als auch die Abmeldung Gebühren fällig. Zweitens sparst du dir das lästige Anstehen bei der Zulassungsstelle im Herbst und im Frühjahr. Das ist besonders in Großstädten äußerst zeitraubend! Achtung: Bei einer Stillegung von über einem Jahr muß ein Großgutachten beim TÜV gefahren werden.

Aus einem Versicherungsvertrag aussteigen

Grundsätzlich ist ein Ausstieg aus dem bestehenden Versicherungsvertrag möglich, wenn ein Fahrzeugwechsel ansteht und das bisherige Versicherungsverhältnis damit wegfällt. Dann kann sich jeder Versicherungsnehmer von einer anderen Gesellschaft eine Doppelkarte besorgen. Außerordentliche Kündigungen sind zudem möglich bei einer Beitragserhöhung des Nettoversicherungsbetrags von über fünf Prozent sowie im Schadensfall. Außerdem ist eine Kündigung jeweils zum Ablauf des Versicherungsjahres möglich. Achtung: Erkundige dich über die genauen Kündigungsfristen, bevor du dein Bike versicherst!

Verhalten im Schadensfall

Nach einem nicht selbst verschuldeten Unfall (Verhalten bei Unfällen siehe Kapitel »Danke, ich schaff's auch alleine«) kann die Geschädigte eine umgehende Regulierung ihres Schadens durch die Versicherung des Unfallverursachers verlangen. Ist der Versicherer des Unfallverursachers nicht bekannt, kann dieser beim Zentralruf der Autoversicherer erfragt werden. Dazu muß das Kennzeichen, der Fahrzeugtyp und der Name des Fahrzeughalters bekannt sein. Es empfiehlt sich, bei größeren Schäden einen Anwalt zu beauftragen, dessen Kosten die Haftpflichtversicherung des Unfallverursachers übernimmt.

Tip: Eine Rechtsschutzversicherung kann sich bei nicht geklärten Unfallhergängen bezahlt machen, da die Kosten eines Anwalts oder möglichen Gerichtsverfahrens von dieser getragen werden. Der Unfallschaden sollte umgehend der eigenen Haftpflichtversicherung gemeldet werden, auch wenn man selbst nicht der Unfallverursacher ist oder es glaubt zu sein. Je nach Unfallfolgen sind die Kasko, -Insassenunfall, Kranken-, Renten- oder Unfallversicherung, usw. sowie eventuell der Arbeitgeber zu informieren.

Versichert im Ausland

Wer mit seinem Motorrad ins Ausland fährt, sollte unbedingt an die sogenannte Grüne Versicherungskarte denken. Sie wird von der Versicherung ausgestellt und dient als Bestätigung einer in Deutschland bestehenden Haftpflichtversicherung. Sie garantiert, daß die Unfallgeschädigten Schadenersatz erhalten. Im Ausland empfiehlt es sich, den Unfall auf jeden Fall von der Polizei aufnehmen zu lassen. Außerdem sollten alle erforderlichen Daten des Unfallgegners sorgfältig notiert werden, da die Versicherungsgesellschaft durch das Kfz-Kennzeichen zum Beispiel in Spanien nicht festzustellen ist. In Italien unbedingt die auf der Plakette an der Windschutzscheibe des Unfallgegners angegebene Versicherungsnummer und Versichrungsgesellschaft notieren. Auf jeden Fall unbeteiligte Zeugen ermitteln!

Tip: Überlege dir, ob du für die Dauer des Auslandsaufenthalts eine temporäre Vollkaskoversicherung abschließt, da die Schadensregulierung schwierig und langwierig, manchmal auch aussichtslos sein kann. Außerdem werden Reparaturkosten meist nur nach ausländischen, das heißt oftmals niedrigeren Preisverhältnissen erstattet.

Danke, ich schaff's auch alleine – Tips und Hinweise für alle, die sich gerade ein eigenes Motorrad gekauft haben

Das Unterstellen

Ja, nun steht das brandneue oder gebrauchte Motorrad endlich vor der Tür, aber wohin mit dem Bock, wenn er gerade nicht bewegt wird? Denn schließlich soll die Maschine nicht gleich im ersten Jahr den Widrigkeiten des Wetters ausgesetzt oder von unvorsichtigen Autofahrern, die es beim Ein- und Ausparken vor der Haustür womöglich übersehen, beschädigt werden.

Die Garage

Am besten ist für das gute Stück eine Garage, die nicht feucht sein sollte. Auch wenn ein Auto bereits in der Garage steht: Durch geschicktes Umräumen (oder vielleicht sogar das seit Jahren geplante Ausmisten) kann man in einer vermeintlich schon übervollen Garage oft noch wunderbar Platz schaffen für ein ohnehin nicht sehr breites Zweirad. Wer keine eigene Garage hat, kann sich natürlich auch nach einem Garagenplatz in der Nachbarschaft umhören.

Plastikplanen zum Schutz

Von sogenannten »Motorradgaragen«, also einer Persenning zum Schutz des Zweirads halten viele Motorradkenner nicht allzuviel. Sie beruhigen zwar das Gewissen, aber in Wirklichkeit sammelt sich die Luftfeuchtigkeit unter der Plane an und die Maschine kann leicht rosten. Inzwischen gibt es Planen, die speziell beschichtet sind, damit das Motorrad darunter nicht rosten kann (im Zubehörfachhandel erhältlich). Weiterer Nachteil: Bei Wind können sich die Dinger leicht selbständig machen!

Das Abstellen auf Touren

Als Grundregel gilt: Das Motorrad mit Gang und Lenkradschloß sichern und niemals mit der »Nase« – sprich dem Vorderreifen – hangabwärts abstellen, weil der Ständer einknicken und das Bike umfallen kann. Vorsicht bei weichem Boden, also Wald-, Kies- oder Sandboden: Der Ständer kann leicht einsinken! Die erfahrene Bikerin hat für solche Fälle ein Brettchen aus Hartholz dabei, das sie unterlegen kann. Ein größerer flacher Stein oder ein Stückchen flaches Holz aus der Natur tun es aber auch. Beim Abstellen des Motorrads unterwegs, etwa auf Parkplätzen, ist zu beachten, daß die Maschine nicht zugeparkt werden kann. Manche Autofahrer bedenken nicht, daß das Motorrad nur schwer rangiert werden kann und einiger Platz zum Umdrehen benötigt wird. Nicht vergessen: Benzinhahn schließen!

Das Aufbocken

Bei Motorrädern mit Seitenständern kein Problem: Einfach den Ständer (wie beim Fahrrad) ausklappen und die Maschine vorsichtig draufkippen lassen. Der Hauptständer, auf dem das Motorrad viel stabiler steht, ist bei einigen Maschinen wie Enduros oder Chopper leider gar nicht erst vorhanden. Keine Angst vor dem Aufbocken auf den Hauptständer: Du mußt wirklich keine Athletin sein, um das Bike auf den Ständer hochzukriegen! Ein Tritt auf das gerundete Unterteil des Hauptständers und gleichzeitig ein herzhafter Zug nach hinten mit einer Hand am Lenker und der anderen am Sitzbankgriff genügen, um das Motorrad sicher auf den Ständer zu hieven. Ein bißchen Übung ist hier schon erforderlich, bis man der richtigen Dreh heraus hat. Leider gibt es auch Maschinen, die sich generell schweraufbocken lassen, weil die Konstrukteure den Hauptständer im Verhältnis zum Schwerpunkt des Motorrads nicht richtig plaziert haben.

Das Rangieren

Es gibt zwei Möglichkeiten, die Maschine vorwärts und rückwärts sicher zu rangieren: Entweder draufsetzen und mit beiden Beinen anschieben oder die Maschine mit der linken Hand am Lenker und der rechten am Sitzbankgriff schieben. Vorsicht, bei solchen Schiebeaktionen kann das Bike leicht Übergewicht zur anderen Seite bekommen! Also die Maschine immer zum Körper hin leicht kippen, die Sitzbank an der Hüfte »anlehnen«. Niemals vom Körper weg kippen! Nicht versuchen, bei laufendem Motor und eingelegtem Gang dem Rangieren nachzuhelfen, ohne selbst auf der Maschine zu sitzen. Es kann passieren, daß aus Versehen der Kupplungs- oder Gashebel auskommt und die Maschine einen Satz nach vorne macht.

Das Aufheben

Trotz aller Vorsicht kann es mal passieren: Das Motorrad fällt um. Das einfachste ist es, jemanden um Hilfe beim Aufrichten zu bitten. Sollte wirklich niemand greifbar sein: Quer zur Maschine stellen, den unteren Lenkergriff mit beiden Händen umfassen und kräftig hochziehen. Dann mit dem Knie unter die Maschine gehen und mit dem gesamten Körpergewicht dagegenstemmen, bis die Maschine wieder aufrecht steht. Auf jeden Fall gilt, das Motorrad möglichst schnell wieder auf die »Beine« zu kriegen, weil Benzin aus dem Vergaser ausläuft. Achtung: Wenn es beim Fahren umgefallen ist, etwa beim Wenden oder Abbremsen, sofort den »Notaus«-Schalter drükken, sofern der Motor noch nicht von alleine ausgegangen ist.

Das Parken

Das Parken von Motorrädern auf einem Bürgersteig, also auf öffentlichem Grund, ist ausdrücklich verboten, – außer es ist ein Hinweisschild mit »Parken erlaubt« angebracht. Strafzettel von 30 Mark und 75 Mark bei Behinderung drohen! Also: Das Bike auf jeden Fall in regulären Parkbuchten abstellen. Damit ist auch Fußgängern und Rollstuhlfahrern ein Gefallen getan, die von abgestellten Motorrädern oft sehr behindert werden. Nicht vergessen: Die Parkscheibenregelung gilt auch für Motorräder!

Schutz vor Diebstahl

Grundsätzlich das Motorrad nie ohne eingerastetes Lenkradschloß abstellen! Zusätzlichen Schutz vor Diebstahl bietet eine starke Kette oder ein Panzerschloß, das um den Hinterreifen gekettet wird, außerdem gibt es Bremsscheibenschlösser. Beim Kauf genau überprüfen, ob es für den jeweiligen Motorradtyp paßt. Vorsicht: Vor der Abfahrt nicht vergessen, die Sicherungen wieder zu lösen! Für ganz vorsichtige Motorradbesitzerinnen sind in den Zubehörläden spezielle Alarmanlagen für Motorräder erhältlich.

Das Ankicken

Eine Maschine mit Kickstarter ist gewöhnungsbedürftig. Es dauert in den meisten Fällen einige Zeit, um den richtigen Dreh rauszukriegen. Eine generelle Anleitung gibt es nicht, da das Ankicken von Maschine zu Maschine unterschiedlich gehandhabt wird: Entweder mit oder ohne Gas, je nach Temperatur nur mit ganz- oder halbgezogenem Choke, falls vorhanden mit Dekompressionshebel und, und, und . . . Am klügsten ist es, sich das Ankicken vom Händler oder einer »kickerfahrenen« Bikerin zeigen zu lassen.

Vorsicht: Ein zurückschlagender Kickhebel kann schwere Schienbeinverletzungen verursachen! Ratschlag für alle, die sich unnötigen Streß ersparen wollen: Lieber eine Maschine mit Elektro-Starter anschaffen!

Das Tanken

Vor dem Losfahren immer prüfen, ob genügend Benzin im Tank ist: Dazu Tankverschluß abschrauben und durch Hin-und-Her-Bewegen der Maschine checken, wie viel in etwa noch drin ist. Bei jeder Tankfüllung größte Vorsicht walten lassen: Benzinhahn schließen und die Zapfpistole so weit in den Tank halten, daß nichts danebenspritzt oder über den Tank läuft. Es besteht Explosionsgefahr, wenn Benzin über den heißen Motor oder Auspuff läuft! Außerdem schaden Benzinspritzer dem Lack auf dem Tank. Sollten wirklich ein paar Tropfen danebengegangen sein: gleich mit einem Papiertuch abwischen. Da kaum ein Motorrad eine Tankanzeige besitzt, muß erst mal die ungefähre Reichweite der Maschine mit einer Tankfüllung festgestellt werden: Dazu volltanken, Tageskilometerzähler auf »Null« stellen und fahren, bis das Benzin zu Ende geht. Dann die Anzahl der gefahrenen Kilometer ablesen. Keine Sorge, ein leerer Tank kündigt sich rechtzeitig an: Fängt die Maschine während der Fahrt zu stottern an und wird stetig langsamer, muß der Benzinhebel auf Reserve gestellt werden. Dann heißt es, sich möglichst bald eine Tankstelle zum Nachtanken zu suchen! Nicht vergessen, nach dem Tanken den Benzinhebel wieder auf »on« zu stellen. Achtung: Das Motorrad nicht zu voll tanken! Benzin dehnt sich bei Erwärmung um rund zwei Prozent aus. Bei einem 25-Liter-Tank macht dies immerhin einen halben Liter aus, der bei zu vollem Tank überlaufen würde. Bei Touren in der Gruppe immer einen gemeinsamen Tankstop einlegen.

Fahren in der Gruppe

Es gibt nichts Schöneres, als zusammen in der Gruppe eine Tour zu unternehmen. Zu mehreren ist das Biken einfach viel spannender und lustiger. Allerdings erfordert das Fahren in Gruppen auch eine höhere Konzentration auf den Verkehr und die Mitfahrer: Das Dahinrollen in der Schlange ermüdet und lenkt ab. Außerdem riskieren viele »Hinterherfahrerinnen« oft Kopf und Kragen, nur um den Anschluß nicht zu verlieren. Lieber Zeit lassen und nicht hetzen! Bei Ausfahrten im »Pulk« ist zu beachten, daß diejenigen, die am wenigsten Fahrroutine und die schwächsten Maschinen haben, vornweg fahren. Außerdem sollte vereinbart werden, daß die Vorausfahrerinnen an jeder Kreuzung, an der abgebogen wird, auf die Nachzügler warten. Zu große Gruppen sind nicht besonders empfehlenswert.

Am meisten Spaß macht es in kleineren Gruppen von drei bis vier Personen.

Wohin mit dem Gepäck?

Selbst bei kleineren Tagesfahrten wird sich jede Motorradfahrerin etwas mitnehmen wollen: Verpflegung, eine Decke oder den Regenkombi. Am besten sind solche Gegenstände in einem Tankrucksack verstaut. Beim Kauf darauf achten, daß er zu den Maßen der Tankgröße paßt! Bei vielen Maschinen lassen sich abschließbare Seitenkof-

fer anbringen, die praktisch sind, um zum Beispiel den Helm während einer Pause darin zu verstauen. Sind sie aus hitzempfindlichen Material, dürfen sie nicht mit dem Auspuff in Berührung kommen. Achtung: Immer beide Koffer oder Taschen gewichtsmäßig gleich bepacken, schwere Sachen grundsätzlich im Tankrucksack verstauen.

Richtig beladen auf Tour

Verhalten bei Pannen

Was tun, wenn man tatsächlich einmal liegenbleibt? Immer Telefonkarte und (!) Kleingeld zum Telefonieren mitnehmen! Ein gelber Schal ist bei Pannen ein hilfreiches Zubehör: An den Lenker gebunden, signalisiert er anderen Verkehrsteilnehmern, daß Hilfe benötigt wird. Man kann ihn selbst zuschneiden oder beim Motorrad Action Team (Größe: 180 x 40 Zentimeter) bestellen. Außerdem immer motorradgeeigneten Pannendienst anfordern.

Verhalten bei einem Sturz

Wenn du merkst, daß du gleich stürzen wirst, solltest du Hindernisse wie Leitplanken oder Bäume nicht mit dem Blick fixieren, sondern im Sturz oder Rutschen auf eine frei Stelle »zuhalten«! Und dich – wenn möglich – im Fallen so schnell wie es nur geht, von der Maschine trennen. Wenn das Motorrad tatsächlich am Boden liegt und man einigermaßen unversehrt aufstehen kann: Schnell weg von der Straße, sonst besteht die Gefahr, vom nachfolgenden Verkehr überrollt zu werden. Nicht versuchen, die Maschine irgendwie selbst von der Straße zu ziehen, sondern den Unfallort absichern und dann erst die Maschine – ob mit oder ohne Hilfe – bergen. Beim Institut für Zweiradsicherheit ist eine Art Warndreieck in Form einer Haube für Motorradhelme erhältlich.

Verhalten bei Unfällen

Bei einem Unfall solltest du auf jeden Fall – sofern du nicht oder nur leicht verletzt bist – einen kühlen Kopf behalten: Unfallstelle absichern, um Verletzte kümmern, Polizei bzw. Rettungsdienst alarmieren, Namen und Anschriften der Unfallbeteiligten sowie deren Kennzeichen und Haftpflichtversicherung aufschreiben, Namen und Adressen von Zeugen notieren, Skizze, eventuell Foto von der Unfallstelle machen, kein Schuldbekenntnis unterschreiben!

Erste Hilfe

Wer an einen Unfallort kommt, ist nicht nur moralisch, sondern auch gesetzlich verpflichtet, Hilfe zu leisten: Unfallstelle absichern, dann Verletzten helfen. Es empfiehlt sich, seine Erste-Hilfe-Kenntnisse immer wieder durch einen Kurs aufzufrischen. Natürlich solltest du die Polizei bzw. den Rettungsdienst alarmieren.

Nach einem Sturz oder Unfall

Im Anschluß an einen Unfall nicht aufs Bike steigen, wenn Schwindelgefühle, Übelkeit, Zittern am ganzen Körper oder Schweißausbrüche auftreten. Vorsicht: Unfallschock! Später solltest du das Motorrad auf jeden Fall in der Werkstatt auf seine Grundfunktionen überprüfen lassen, auch wenn offensichtlich kein großer Schaden zu bemerken ist. Wenn der Helm Beschädigungen wie Kratzspuren aufweist: Bitte durch einen neuen Helm ersetzen! Rein aus psychologischen Gründen ist es gut, nach einem glimpflich verlaufenen Sturz keine allzugroße Motorradpause einzulegen. Sonst ist die Gefahr groß, daß plötzlich Angst vor dem Motorradfahren auftritt.

Regenfahrten

Selbst nach einem Start bei schönstem Sonnenschein kann das Wetter schnell umschlagen. Während eines kurzen Sommerregens, ist es am besten, sich einen Unterstand, etwa bei einer Tankstelle oder einer Bushaltestelle, zu suchen. Vorsicht bei Brücken an unübersichtlichen Stellen! Unter Autobahnbrücken ist das Stehenbleiben generell verboten. Wenn es eher danach aussieht, als ob es sich einregnet, sollte der hoffentlich mitgenommene Regenkombi übergezogen werden. Den Scheibenwischer ersetzt der Handschuh: Mit diesem sollten ab und zu die Regentropfen vom Visier gewischt werden, um die Fahrt nicht in einen Blindflug ausarten zu lassen. Und dies möglichst nur, wenn ohne Probleme eine Hand vom Lenker weggenommen werden kann. Besonders bei Regen stellen sich auch die Vorteile eines sauberen und unverkratzten mückenfreien Visiers heraus. Um ein Beschlagen zu verhindern, solltest du deine Atemtechnik ändern: Entweder nur durch die Nase ausatmen oder Lippen und Kiefer so halten, daß die warme Atemluft nach unten aus dem Helm herausgedrückt wird. Achtung: Auch eine viel vorsichtigere und langsamere Fahrweise ist angebracht, weil die Haftung der ohnehin schmalen Reifen viel geringer wird als auf trockener Fahrbahn. Also: weniger Kurvenschräglage, und beim Kurvenfahren und Bremsen aufpassen, daß der Hinterreifen nicht seitlich ausbricht. Besonders glatt werden die Straßen, wenn es im Sommer nach längerer Trockenheit zum ersten Mal wieder regnet. Auch die Fahrbahnmarkierungen aus aufgeklebtem Kunststoff und frisch geteerte und geflickte Streckenabschnitte sind mit Vorsicht zu genießen, weil sie bei Nässe äußerst schmierig werden.

Fahren bei Gewitter

Ein heftiges Unwetter im Sommer kann jede Fahrerin einmal überraschen: Am besten ist es, sich irgendwo unterzustellen. Lieber ein

Gebäude suchen, da im Wald kein Schutz vor Blitzschlägen gegeben ist! Auch die starken Windböen sind gefährlich, weil sie dich aus der Spur drücken und herunterfallende Äste oder umstürzende Bäume dich gefährden können. Auch wenn ein Motorrad nicht wie ein Auto ein Faradayscher Käfig ist, auf des- sen Außenhaut ein Blitz abgeleitet wird: Bis jetzt ist noch kein Fall bekannt, daß jemand während der Fahrt vom Blitz getroffen worden wäre. Allerdings können in der Nähe einschlagende Blitze einen derart erschrecken, daß man die Kontrolle über die Maschine ver- liert.

Fahren in der Nacht

Weil das Scheinwerferlicht bei vie- len Motorrädern nicht das beste ist, ist bei Nachtfahrten mit dem Motorrad höchste Konzentration erforderlich. Die Gefahr ist größer als tagsüber, vom übrigen Verkehr übersehen zu werden. Deswegen solltest du auch regelmäßig Vorder- und Rücklicht überprüfen. Auf jeden Fall die Geschwindigkeit re- duzieren und auf unbeleuchteten Landstraßen wegen Radfahrern und Fußgängern nicht zu weit rechts fahren. Möglichst helle Klei- dung tragen, am besten mit Re- flektoren.

Fahren bei Kälte

Im Spätherbst und Winter gibt es immer wieder ein paar schöne und trockene Tage, an denen Touren unternommen werden können. Allerdings kann es nach ein paar Stunden Fahrt empfindlich kalt werden. Hier empfiehlt sich wirk- lich warme Kleidung, denn Frieren auf dem Motorrad lenkt ab und schadet der Konzentrationsfähig- keit. Am wichtigsten ist vor allem für Frauen der Nierenbereich, er sollte bei Kälte besonders gut geschützt sein. Also: Ski- oder An- gorounterwäsche unter der Leder- oder Microfaserausrüstung tragen. Strümpfe aus Kunstfasern solltest du lieber meiden, da sie sich bei einem Sturz und möglichen Abrieb der äußeren Ausrüstung ins Ge- webe einbrennen können! Auch der Hals- und Nackenbereich sollten mit einem Halstuch und einem Rollkragenoberteil gut geschützt werden. Für einen Kälteschutz des Gesichtes gibt es im Fachhandel so- genannte Sturmhauben aus Seide, die unter den Helm gezogen wer- den können. Vorsicht vor zu dicken Sachen wie Wollpullis zum Drun- terziehen: Wer sich zu dick anzieht und schließlich wie eine Wurstpelle auf der Maschine sitzt, schränkt seine Bewegungsfähigkeit auf dem Bike erheblich ein. Besonders wich- tig sind warme Hände und Finger, da die Bedienung der Bremse und Kupplung mit klammen Fingern äußerst mühsam ist. Im Fachhandel gibt es spezielle Handschuhe für kalte Witterung sowie dünne Sei- denhandschuhe zum Drunterzie- hen.

Fahren im Stadtverkehr

In der Stadt können die Vorteile eines Motorrads – wendig, schmal und spurtstark – gut ausgenutzt werden. Beim Fahren in der Stadt ist aber wegen der hohen Verkehrsdichte besondere Vorsicht und höchste Konzentration angesagt. Wichtigste Grundsätze: zu dichtes Auffahren vermeiden, da die Notwendigkeit, hart zu bremsen, relativ häufig gegeben ist. Den Verkehr vor, neben und hinter sich nie aus dem Auge lassen, um rechtzeitig die Absichten der anderen Verkehrsteilnehmer zu erkennen. Vorsicht: Als Motorradfahrerin wird man in der Stadt von gestreßten Autofahrern leicht übersehen! Im engen Kolonnenverkehr immer etwas versetzt zur Straßenmitte hinter dem Vordermann herfahren, um im Falle eines plötzlichen Abbiegevorgangs oder einer Bremsung des Vordermanns oder der Vorderfrau noch ein paar Meter an ihm oder ihr vorbeifahren zu können. Vermeidet, längere Zeit im »toten Winkel« schräg versetzt neben Autos herzufahren! Lieber mit dem Verkehr mitfahren als versuchen, durch Kolonnenspringen schneller als die Autos vorwärtszukommen!

Fahren auf der Landstraße

Die Landstraße ist wohl das reizvollste Revier der Motorradfahrerinnen und -fahrer: Auf weniger befahrenen Nebenstrecken sind eine gleichmäßige und harmonische Fahrweise ohne viel zu bremsen und entspanntes Kurvenfahren möglich. Dennoch sollten einige wichtige Verhaltensregeln beachtet werden: Vor jeder unübersichtlichen Kurve oder Kuppe ist Mißtrauen angebracht. Ebenfalls an Einmündungen von Feld- und Waldwegen, aus denen plötzlich langsamer Verkehr einbiegen kann. Besondere Vorsicht ist bei Traktoren und landwirtschaftlichen Fahrzeugen angebracht, die manchmal auch ohne Blinker unvermittelt irgendwo abbiegen wollen. Am besten ist es, vorsichtig dran vorbeizufahren. Achtung: Ab dem Ortseingangsschild kann die Vorfahrtsberechtigung der Bundesstraße plötzlich aufgehoben sein.

Fahren auf der Autobahn

Gerade bei hohen Geschwindigkeiten auf der Autobahn sind eine gute Sicht und genügend Abstand zum Vordermann oder der Vorderfrau sehr wichtig. Als Faustregel gilt: Der Abstand sollte etwa die Hälfte der Tachogeschwindigkeit betragen, bei 100 km/h also rund 50 Meter. Nicht nur die Vorderfrau beobachten, sondern auch den Verkehr vor ihr. Das ist wichtig, wenn es plötzlich zu Staus kommt! Im Stau ist das Fahren zwischen den Kolonnen sowie das Fahren auf der Standspur für Motorradfahrer grundsätzlich verboten. Vor jedem

Überholvorgang empfiehlt sich eine genaue Beobachtung des rückwärtigen Verkehrs. Beim Fahrspurwechsel können Markierungen und Trennfugen kurzzeitig zu Fahrwerksunruhen führen: Deshalb immer locker und unverkrampft mit beiden Knien am Tank fahren. Auch wenn nicht überholt werden soll, sollte der Verkehr durch regelmäßige Spiegelblicke immer im Auge behalten werden. Achtung an Ausfahrten: Beim Verlassen der Autobahn die Geschwindigkeit des fließenden Verkehrs möglichst lange beibehalten und erst auf der Bremsspur verzögern. Lieber zu langsam in die Ausfahrtkurve fahren als zu schnell, denn man verschätzt sich leicht, wenn man längere Zeit mit hoher Geschwindigkeit geradeaus gefahren ist! Vor jeder schnelleren Fahrt, also besonders bei Autobahnfahrten darauf achten, daß die Kleidung gut verschlossen ist und nicht flattern kann. Ausgeleierte Visiere, die beim Umschauen oder Fahren bei hohen Geschwindigkeiten von alleine aufgehen, können ebenfalls sehr lästig sein. Bitte baldmöglichst ersetzen!

Andere Verkehrsteilnehmer

Es empfiehlt sich, grundsätzlich immer mißtrauisch gegenüber anderen Verkehrsteilnehmern zu sein und immer damit zu rechnen, daß du als Motorradfahrerin übersehen wirst. Vorsicht vor allem bei Lastwägen: Die Sicht der Lkw-Fahrer ist knapp rechts und links hinter ihren Brummis äußerst schlecht. Fahr deshalb nicht zu dicht auf und keinesfalls zu knapp 'ran! Lange Lastzüge müssen oft stark ausscheren, um ab- oder einbiegen zu können. Vor allem für das Einbiegen in eine Hauptverkehrsstraße aus engen Ausfahrten oder Straßen benötigen Lastwägen oft zwei ganze Fahrbahnen.

TÜV-Fahren

Keine Angst vor der alle zwei Jahre erforderlichen Fahrt zur Hauptuntersuchung! Dort läuft es viel einfacher ab als beim Auto: Einfach das Motorrad hinstellen, zusammen mit dem Prüfer die Beleuchtungsanlage, Blinker und Reifen checken. Dann dreht der Prüfer selbst noch eine Runde auf dem Bike. Wenn der technische Zustand o.k. ist, dürfte der TÜV-Termin kein Problem sein.

Motorrad verleihen

Vorsicht beim Verleihen des Motorrads: Willst du eine andere Person mit deiner Maschine fahren lassen, mußt du dich zuerst vergewissern, daß diese einen entsprechenden Führerschein besitzt. Vorsicht bei Maschinen über 34 PS – der Ausleiher muß den großen »Einser« besitzen! Passiert ein Unfall, haftet der Besitzer bzw. die Besitzerin nach einem Urteil des Landgerichts Aachen (ZfS 1981,65) zur Hälfte für die entstandenen Schäden. Das Bike am besten nur Leuten leihen, die man gut kennt und denen man vertrauen kann.

Das Grüßen

Der liebste »Sport« vieler Biker und Bikerinnen ist das Grüßen. Es stammt noch aus der Zeit, als nicht so viele Biker auf den Straßen unterwegs waren. Bitte nicht bei gefährlichen Fahrmanövern, also in Kurvenschräglage, zum Grüßen die Hand vom Lenker nehmen. Ein kurzes Zunicken ist in solchen Fällen völlig ausreichend.

Sicherheit geht vor – Tips für ein unfallfreies Fahrvergnügen

Eine sichere Fahrweise und die Beherrschung des Motorrads auch in schwierigen Situationen kann geübt werden. Das Risiko zu stürzen so klein wie möglich zu halten und Unfälle vermeiden zu lernen, ist gar nicht so schwer.

Wichtigste Grundregeln

Niemals solltest du in schlechter körperlicher Grundverfassung aufs Bike steigen, denn Motorradfahren spielt sich hauptsächlich im Kopf ab. Bei Liebeskummer oder Wut im Bauch das Motorrad lieber stehen lassen. Frust läßt sich zum Beispiel im Fitneßstudio oder auf dem Trimm-dich-Pfad viel besser abbauen als auf dem Bike. Alkohol am Lenker ist tabu. Im Autoverkehr gilt schon bei 0,3 Promille verminderte Fahrtüchtigkeit, außerdem ist der Gleichgewichtssinn bereits erheblich gestört. Weil die Anforderungen beim Motorradfahren noch viel höher sind als beim Lenken eines Pkw solltest du dich vor und während des Bikens unbedingt an die 0,0 Promille-Regel halten! Auf dem Motorrad ist es besonders wichtig, für andere Verkehrsteilnehmer mitzudenken, auf plötzlich sich öffnende Autotüren zu achten, vorausschauend zu fahren, Fehler anderer immer einzukalkulieren. Den Verkehr vor und hinter sich durch kurze Kontrollblicke in den Spiegel und über die Schulter im Auge behalten. Als Motorradfahrerin solltest du immer davon ausgehen, daß andere Verkehrsteilnehmer dich übersehen oder von der Geschwindigkeit her falsch einschätzen.

Defensiv fahren! Lieber bestehst du nicht auf deinem Recht, als daß du mit einem Autofahrer, der die Vorfahrt mißachtet, zusammenprallst. Die Geschwindigkeit so anpassen, daß bei einem plötzlich auftauchenden Hindernis rechtzeitig abgebremst, ausgewichen oder angehalten werden kann. Im Stau lieber hinten einreihen, als sich mit gefährlichen Fahrmanövern zwischen Autokolonnen oder an Ampeln vorzudrängeln. Wenn du dich doch dazu entschließt – was ja gerade bei langen Fahrzeugschlangen sehr verlockend ist – fahr bitte langsam und vorsichtig: Die Gefahr ist groß, daß plötzlich eine Autotür aufgeht, ein Autofahrer ausschert oder ein Fußgänger hinter einem parkenden Auto hervorspringt.

Das Bremsen

Richtiges Bremsen ist das A und O beim Motorradfahren. Besonders Gelegenheitsfahrerinnen müssen es immer wieder üben, vor allem die Gefahrenbremsung aus hoher Geschwindigkeit heraus. Hier einige Anhaltspunkte, wie die Bremsen am besten bedient werden: Beim Bremsen wird das Vorderrad stärker als das Hinterrad belastet. Deshalb solltest du die Hinterradbremse nur sehr gefühlvoll dosieren, um ein Blockieren zu vermeiden. Die Vorderradbremse leistet die hauptsächliche Arbeit. Auf gerader, trockener Straße, kann die Vorderbremse kräftig gezogen werden. Bei ihrer Bedienung ist folgendes zu beachten: Nicht schlagartig, sondern weich in die Bremse greifen. Das verhindert das sofortige Blockieren des Vorderrads. Dann bis zur erforderlichen Bremswirkung den Handbremshebel beherzt weiterziehen. Stellt dir vor, du knetest einen Klumpen Teig. Bei Nässe oder Rollsplitt ist aber Vorsicht angesagt: Achte unbedingt darauf, daß die Vorderradbremse gefühlvoll bedient wird. Wenn das Vorderrad blockiert, besteht akute Sturzgefahr! Bei blockierenden Reifen solltest du die: Bremse sofort wieder lösen und erneut den Bremsvorgang beginnen. Diesmal aber mit mehr Gefühl. Kupplungziehen nicht vergessen! Achtung: Der Bremsweg verlängert sich je schwerer die Maschine beladen ist. Die Hinterradbremse kann bei Zuladung dagegen kräftiger eingesetzt werden.

- **Tip:** Gerade bei Schrittgeschwindigkeit, wenn das Motorrad noch »kippelig« ist, oder beim Rangieren nur Fußbremse benutzen. Die Maschine taucht dann vorne nicht so weit ein. Du wirst sehen, daß sich das Bike so erheblich leichter handhaben läßt!

Das Überholen

Wichtigster Grundsatz beim Überholen: Im Zweifelsfall nie! Es ist sehr schwer abzuschätzen, ob der Abstand zum Gegenverkehr wirklich groß genug ist. Selbstverständlich darf auch vor unübersichtlichen und langgezogenen Kurven, vor Kuppen und vor Einmündungen auf die Hauptstraße nicht überholt werden. In der Gruppe gilt es, sich nicht vom Vordermann oder der Vorderfrau mitziehen zu lassen und auch noch schnell zu überholen. Lieber erst einmal die Sachlage für sich selbst abchecken. Beim Überholen unbedingt den rückwärtigen Verkehr im Auge behalten!

Kurvenfahren

Faustregel: An die Kurve hinfahren, bremsen und dabei in den erforderlichen Gang herunterschalten. Das Bremsen und Herunterschalten muß noch vor der Einfahrt in die Kurve beendet sein, denn das Motorrad läßt sich mit gezogener Bremse nur widerwillig in die Schräglage bringen. Dann erst die Kurvenfahrt einleiten: Dies geschieht, indem man kurz in die entgegengesetzte Richtung lenkt, um dann in gewünschter Richtung in

Schräglage zu gehen. Also: Eine Rechtskurve wird durch eine kleine Ausholbewegung nach links eingeleitet, eine Linkskurve durch eine Ausholbewegung nach rechts. Die Schräglage wird durch Gewichtsverlagerung zur Kurveninnenseite eingeleitet und gehalten. Dabei solltest du nicht auf den Vorderreifen schauen, sondern dem Verlauf der Kurve nachsehen. Ab dem Scheitelpunkt der Kurve, das ist genau in der Mitte, kannst du dann

Einleitung der Kurvenfahrt

gefühlvoll beschleunigen. Das stabilisiert die Maschine. Sobald die Kurve durchfahren und das Motorrad nicht mehr in Schräglage ist, kann richtig Gas gegeben werden. Achtung: Niemals in Schräglage unvermittelt Gas geben oder bremsen, sonst besteht Sturzgefahr, besonders bei Nässe und bei schlechten Straßenverhältnissen. Grundsätzlich gilt: Lieber mit zu geringer Geschwindigkeit in die Kurve einfahren als zu schnell. Bei Gefahr in der Kurve keine Panik bekommen und unüberlegt reagieren. Du hast noch Reserven, was die Schräglage betrifft! Also Mut fassen und weiter in Schräglage gehen. Bei Choppern in Schräglage aufpassen, weil sie eine geringere Bodenfreiheit haben als andere Maschinen.

Ausweichen

Das Motorrad reagiert – anders als ein Auto – vor allem bei höheren Geschwindigkeiten nicht direkt auf Lenkbewegungen. Bei Ausweichmanövern gilt: Schnell und kräftig die Maschine in die Kurve drücken. Zusätzlich am Lenker drücken, um eine entsprechende Richtungsänderung zu erzielen und das Motorrad mit dem Knie am Tank in die Ausweichschräglage zwingen. Die Flucht ins Gelände ist bei einem Ausweichmanöver nicht die schlechteste Not-Lösung: Bei genügend Freiraum lieber auf einer Wiese landen als auf ein Hindernis aufprallen.

Fahrbahnbelag

Besondere Beachtung sollten Bikerinnen dem Straßenbelag schenken: Da wechselt griffiger Asphalt mit holprigem Kopfsteinpflaster, dazwischen gibt es Bahnschienen, Kanaldeckel, aufgeklebte Fahrbahnmarkierungen und Bitumenausbesserungen, die bei Regen besonders glitschig werden. Generell ist auf nasser Straße gerade nach längerer Trockenheit größte Vorsicht geboten. Das heißt: Bremse und Gas nur gefühlvoll bedienen! Wenn Streckenverlauf und Fahrbahnbelag nicht bekannt sind, defensiv fahren! Vorsicht: Auch auf der »Hausstrecke« kann sich der Fahrbahnbelag seit der letzten Fahrt plötzlich verändert haben.

Fahren mit Sozia oder Sozius

Ehe du jemand mitnimmst, solltest du alle Fahrmanöver perfekt beherrschen. Die Fahrweise sollte betont defensiv sein, weil ein beladenes Motorrad schwieriger zu fahren ist. Es reagiert langsamer auf Brems- und Lenkbewegungen! Für die Beifahrerin gilt: An den Soziusgriffen der Sitzbank festhalten, dennoch durch Vorbeugen möglichst engen Kontakt mit der Fahrerin halten. Nicht an den Hüften der Fahrerin festklammern, weil diese sonst beim Bremsen das Gewicht beider Personen abstemmen muß. Bei Sportmaschinen: Um die Hüften der Fahrerin greifen und mit den Händen am Tank abstützen. Je nach Richtungswechsel über die jeweils kurveninnere Schulter blicken. Nicht extra in die Kurve legen und auf keinen Fall aus Angst in die andere Richtung hängen. Wichtig: Auch Sozia oder Sozius brauchen Helm und Schutzkleidung!

Der Saisonstart

Zum Saisonstart solltest du nicht gleich flott loslegen, sondern erst einmal wieder das »Gefühl« für die Maschine, die Bremsen und das Kurvenfahren entwickeln, zum Beispiel auf einem möglichst verkehrsfreien Parkplatz oder Privatgelände. Die Fahrschulübungen wie Ausweichen, Bremsen mit und ohne Ausweichen, Kreise und Achter fahren sowie Schrittgeschwindigkeitsfahren üben.

■ **Tip:** Mit ein paar Bikerinnen zusammentun und gemeinsam ein paar Übungen fahren. Eventuell die Übungen auf Video aufnehmen und in Teamwork anschließend die Fehler besprechen. Dies verhindert das Einüben falscher Verhaltensweisen – und macht dazu großen Spaß.

Auch die Sozia sollte Schutzkleidung tragen.

Sicherheitslehrgänge

Es gibt inzwischen zahlreiche Anbieter von Motorradsicherheitslehrgängen. Neben speziell für Fahranfängerinnen oder Wiedereinsteiger zusammengestellten Programmen gibt es auch Kurse für fortgeschrittene Fahrerinnen, Angebote auf Rennstrecken, im Gelände oder für Gespannfahrer. Bei einem eintägigen »Basis-Sicherheitstraining« wird viel nützliches und praktisches Wissen über das Motorradfahren vermittelt: Im theoretischen Teil wird über Unfallvermeidung, Schutzkleidung, Fahrphysik, Gepäck, Beifahrer gesprochen. Im praktischen Teil werden Techniken der Kurvenfahrt, Stabilisieren des Motorrads in schwierigen Situationen, Fahren in Schrittgeschwindigkeit, Bremsen und Ausweichen trainiert. Du wirst erstaunt sein, wie sehr ein solches Training zur Verbesserung der Fahrweise beiträgt! Auch geübte Fahrerinnen sollten sich nicht schämen, an einem Sicherheitstraining teilzunehmen – es lohnt sich bestimmt. Das Institut für Zweiradsicherheit gibt jährlich eine Broschüre heraus, in der auf 30 Seiten Anbieter und Termine von Sicherheitstrainings vermerkt sind. Kosten: Rund 150 Mark. Bitte darauf achten, daß die Veranstalter ein Programm nach den Richtlinien des Deutschen Verkehrssicherheitsrats (DVR) anbieten! Diese garantieren einen durchdachten Programmaufbau, eine Versicherung für die Teilnehmer und Teilnehmerinnen und qualifizierte Instruktoren.

Sicherheitslehrgänge für Frauen

Aufgrund der zahlreichen Anbieter von Sicherheitstrainings werden hier nur Veranstalter genannt, die auch eigene Frauensicherheitstrainings anbieten: ACE (Auto Club Europa), ADAC, AVS (Ausbildungsstätte für Verkehrssicherheit), Bruderhilfe e.V., Deutsche Verkehrswacht (einige Kreisverkehrswachten bieten Frauenkurse an), Motorrad-Action-Team, Moto Aktiv e.V. sowie TÜV-Akademien Rheinland und Bayern (Frauenklubs oder Gruppen können auf Anfrage einen Termin buchen). Kontaktadressen sind im Anhang zu finden.

Sicherheitsregeln:

- Höchste Vorsicht bei verschmutzten Fahrbahnen, Sand oder Rollsplitt in den Kurven, Kopfsteinpflaster und ausgebesserten Straßenbelägen.
- Ebenfalls Vorsicht bei rutschigem Laub, bei Reif- und Glatteisbildung auf Brücken und schattigen Straßenabschnitten.
- In Wäldern bei Dämmerung oder nachts auf Wildwechsel achten!
- Aufpassen auch bei erheblich verminderter Sicht durch Regen oder verkratztes Visier.
- Denk daran, daß die Konzentration bei Naßwerden und Frieren durch unzureichende Ausrüstung erheblich nachläßt.
- Bei Linkskurven ist besondere Vorsicht geboten: Aufgrund der Schräglage kann es passieren, daß der Oberkörper über die Mittellinie in die Gegenfahrbahn ragt!
- Vermeide starkes Beschleunigen oder Bremsen in Kurven!
- Nicht zu dicht auffahren!
- Auf Autobahnausfahrten nicht die eigene Geschwindigkeit unterschätzen!
- Keine zu langen Fahrten ohne Pausen unternehmen!

Frauen werden Mütter
– aber wohin mit den Kleinen?

Während der Schwangerschaft Motorrad fahren?

Diese Frage ist äußerst schwierig zu beantworten, da es in der einschlägigen Literatur hierüber keine Empfehlungen gibt. Auch die Mediziner wollen hier keine generelle Aussage zu diesem Thema treffen: Dies müssen Frauen, je nach ihrem Gesundheits- und Wohlfühlzustand, letztlich auch selbst entscheiden. Es gibt motorradfahrende Mütter, die bis zum achten Monat noch aufs Bike gestiegen sind, andere wiederum verbannen ihre Maschine sofort nach der »freudigen Nachricht« in die hinterste Ecke der Garage oder verkaufen es gleich. Zu bedenken ist hier – wie auch bei der Mitnahme von Kindern auf dem Motorrad – vor allem der Aspekt der Verantwortung. Natürlich birgt das Motorradfahren mehr Risiken als das Autofahren. Die grundsätzliche Frage, ob das Motorradfahren im schwangeren Zustand nicht doch zu gefährlich ist, muß jede Frau mit sich selbst ausmachen. Vom rein gesundheitlichen Aspekt sind zudem folgende Probleme zu bedenken:

■ Schwangere sollten nicht zu enge Kleidung tragen (ein enger Mo-

torradkombi fällt mit zunehmendem Bauch daher aus).
■ Schwangere können wegen der Hormonumstellung eine deutlich langsamere Reaktionsfähigkeit haben.
■ Das Motorradfahren verursacht erhebliche Vibrationen und einen hohen Geräuschpegel.
■ Selbst »normales« Motorradfahren ist nach einer vergleichenden Untersuchung der Uniklinik Freiburg durch die Haltearbeit, das Aushalten des Winddrucks, das ständige Bedienen aller Hebel und des Lenkers sowie durch die Streßbelastung von den körperlichen Anforderungen her mit Sportarten wie Wettkampftennis oder Skispringen zu vergleichen.

Für Schwangere, die das Motorradfahren nicht lassen wollen, empfiehlt die Schwangerenberatung der Uniklinik München einen sehr guten Nierenschutz, um Niereninfektionen zu vermeiden. Außerdem sollten Frauen in den ersten drei Schwangerschaftsmonaten, den sogenannten »Anpassungsmonaten«, besser nicht fahren. Eher noch vom vierten bis sechsten Monat, den sogenannten »Wohlfühlmonaten«, wobei zu bedenken ist, daß jetzt der Bauch schon erheblich anwächst. Aus der Sicht der Bequemlichkeit für Schwangere hält der Verkehrs-mediziner des Münchner ADAC jedenfalls Motorräder für geeigneter, auf denen in entspannter Sitzhaltung gefahren werden kann, etwa Chopper oder Straßentourer.

Kinder auf dem Bike mitnehmen oder lieber nicht?

Ähnlich umstritten wie das Thema »Motorradfahren & Schwangerschaft« ist das Thema »Motorradfahren mit Kindern«. Viel zu gefährlich, sagen die einen. Kein Problem, sagen die anderen. Selbst leidenschaftliche Motorradfahrerinnen mit Kindern raten, den Kleinen den Streß einer mehrstündigen oder gar mehrtägigen Motorradfahrt zu ersparen. Besonders Kinder zwischen drei und fünf Jahren haben einen natürlichen Bewegungs- und Kommunikation drang, der auf dem Motorrad total unterdrückt wird. Auf langen Autofahrten ist es möglich, mit den Kindern zu sprechen, Kassetten zu hören oder kleine Spielchen zu machen, was die Kinder bei Laune hält. Es gibt aber auch zahlreiche Biker-Eltern, die ihre Kinder regelmäßig mitnehmen und für die gemeinsame Touren der größte Spaß sind. Und natürlich viele – meist größere – Kinder, für die Motorradfahren ein spannendes Abenteuer ist.

Gesetzliche Richtlinien

Der Gesetzgeber nimmt zu der Frage Kind und Motorrad nicht ausdrücklich Stellung: Er fordert lediglich, daß für Kinder unter sieben Jahren ein besonderer Sitz sowie gut zu erreichende Fußstützen und Festhaltemöglichkeiten vorhanden sein müssen.

TÜV und andere Einrichtungen

Der TÜV und der ADAC halten äußerst wenig davon, Kinder auf dem Motorrad mitzunehmen. Wenn überhaupt, sollten Kinder nur im Beiwagen mitfahren.
Die Anschaffung eines Beiwagens ist für die Mitnahme von Kindern bestimmt nicht die schlechteste Lösung, meint auch das Institut für Zweiradsicherheit: Hier kann ein Autokindersitz problemlos untergebracht werden. Auch der Wetterschutz ist ein deutlicher Pluspunkt.

Grundregeln für die Mitnahme von Kindern

- Das Kind nicht überfordern, sondern langsam an den Gedanken des Mitfahrens gewöhnen. Erst mitnehmen, wenn das Kind auch selbst gern will.
- Erst ab einem gewissen Alter, sprich, wenn das Kind die So-ziusfußrasten wirklich sicher mit den Füßen erreichen kann, mitnehmen. Oder die Fußrasten (wenn möglich) in der Werkstatt höher anbringen lassen.
- Nicht mit zu hohen Geschwindigkeiten beginnen!

- Kindern sollte vor der ersten Fahrt sehr genau erklärt werden, wie sie sich auf der Geraden und beim Durchfahren von Kurven in Schräglage zu verhalten haben. Tips hierzu im Kapitel »Sicherheit geht vor – Fahren mit Sozia oder Sozius«.
- Zunächst nicht zu lange Routen wählen, etwa nur zum nahegelegenen Badesee oder in den Tierpark.
- Kinder erst mitnehmen, wenn die eigene Fahrweise völlig sicher ist (Sicherheitstrainings absolvieren!).
- Regelmäßige Pausen einlegen. Das Kind immer nach Pausen fragen, auch wenn es noch nicht an der Zeit ist.
- Möglicherweise eine Helmsprechanlage anschaffen.
- Geeignete und sichere Ausrüstung ist auch für Kinder ein Muß!

Spezielle Ausrüstung für Kinder

Helme

In den meisten Helm- oder Zubehörgeschäften sind Helme für Kinder in der Preislage von etwa 120 bis 210 DM erhältlich. Bei der Auswahl des Helms sollte auf möglichst geringes Gewicht geachtet werden, um Skelett und Muskulatur der Kinder nicht zu überlasten (dies gilt auch für Erwachsene!).

Kleidung

Bei spezieller Motorradbekleidung für Kinder sieht es leider immer noch etwas mager aus: Einiges ist im Cross- und Enduro-Bekleidungsbereich allerdings schon zu finden.

Tips:
- Da Kinderklamotten relativ teuer sind und Kinder schnell aus den Sachen wieder herauswachsen, tut es vielleicht auch umgenähtes Erwachsenenleder oder Microfaser-Zubehör.
- Lieber einen zweiteiligen Anzug kaufen wegen »Pippi machen«!
- Auch mal in Second-Hand-Motorradkleidungsshops oder in den Anzeigenblättern nachsehen!
- Die Kleidung darf keinesfalls aus einfachem Kunststoffmaterial bestehen, da bei einem eventuellen Sturz und Rutschen auf der Straße das Material schmelzen und in die Haut einbrennen könnte! Dies gilt natürlich auch für Erwachsenen-Schutzbekleidung.
- Unverzichtbar sind auch für Kinder feste Handschuhe und Schuhe sowie ein Nierengurt.

Ein Motorrad braucht »Zuwendung« – Notwendige Pflege- und Wartungsarbeiten

Was ist los mit meinem Bike?

Eine regelmäßige Durchsicht der Maschine und sorgsame Pflege garantieren hohe Zuverlässigkeit und helfen, häufige Werkstattaufenthalte zu verringern.

Keine Angst, hier soll es keine detaillierten Anleitungen geben, wie »frau« ihr Motorrad komplett auseinanderbauen und dann blind wieder zusammenschrauben soll. Oder wie »frau« den Vergaser austauscht oder die Bremsbeläge wechselt. Dafür gibt es Werkstätten. Für an Technik wenig interessierte Freizeitfahrerinnen ist es am klügsten, die regelmäßigen Inspektionsintervalle einzuhalten (etwa alle 5000 km, siehe Service-Heft) und das Bike selbst regelmäßig auf seinen Zustand zu überprüfen.

Was »frau« am besten der Werkstatt oder dem Fachmann, der Fachfrau überläßt

Alle Arbeiten an den Bremsen, die Erneuerung und das Spannen der Kette, Reifenmontage, das Einstellen von Zündung, Vergaser und Ventilen, das Nachfüllen und Erneuern von Bremsflüssigkeit sowie generelle Reparaturen am besten und guten Gewissens einer Werkstatt überlassen. Dort gibt es eine Garantie, daß die Arbeiten wirklich ordnungsgemäß ausgeführt wurden. Auch wenn es teurer ist und oft einige Zeit auf einen Termin gewartet werden muß. Vielleicht hast du ja auch eine(n) versierte(n) Motorradbastler(in) im Freundeskreis. Besonders interessierte Motorradfahrerinnen können auch an Frauen-Schrauberkursen teilnehmen (etwa bei Volkshochschulen oder bei Moto aktiv e.V.), in denen einiges an aufwendigeren Wartungsarbeiten vermittelt wird. Oder nach der eingehenden Lektüre spezieller Motorrad-Reparierhandbücher versuchen, an der Maschine selbst herumzuschrauben. Bei unzureichendem Werkzeug, wenig Platz und wenig Nerven allerdings nicht sehr empfehlenswert! Außerdem sind viele Reparaturen und Arbeiten am Motorrad schon allein aus Umwelt-schutzgründen besser der Werkstatt zu überlassen, weil dort die Teile umgeweltgerecht entsorgt werden.

Keine Angst vor Pannen

Auch absolute Nicht-Schrauberinnen brauchen keine Angst zu haben, wenn die Maschine tatsächlich mal unterwegs streiken sollte. Schließlich gibt es Pannendienste, die von unterwegs angerufen werden können. Mit einer Mitglied-schaft in einem Automobilklub sind für einen jährlichen Betrag von rund 45 bis 75 DM alle Hilfeleistungen von der Behebung eines Fehlers vor Ort bis zum Abtransport der Maschine kostenlos.

Kleine Technikkunde für Anfängerinnen

Auch wenn du nicht zu den »Schrauberinnen« gehörst, solltest du im groben wissen, was wo an deinem Bike ist und wie es funktioniert. Schau dir dazu bitte die Zeichnung auf Seite 109 an. Der **Zylinder** ist erkennbar an den Lamellen, den sogenannten Kühlrippen. Im Zylinder befindet sich der Kolben, der für die Verdichtung des im **Vergaser** entstandenen Benzin-Luftgemischs sorgt. Ein Motorrad kann, je nach Bauart ein, zwei oder mehrere Zylinder besitzen. Im sogenannten **Zylinderkopf** (= der Deckel auf dem Zylinder) ist die Zündkerze eingeschraubt, die für die Entzündung des Benzin-Luftgemischs sorgt. Die nach dem Verbrennungsvorgang übrige Restluft wird über den **Auspuffkrümmer** abgeleitet. Die meisten Motorräder haben vorne eine Scheibenbremse, die über Druck durch den **Bremssattel** auf die **Bremsscheibe** die Bremswirkung auslöst. Zwischen Bremssattel und Bremsscheibe sitzt der **Bremsbelag**. Vom Bremshebel wird die Kraft durch die **Bremsleitung** übertragen. Die **Kette** dient zum Antrieb des Hinterreifens.

Wartungs-Checkliste

Für die Wartung und kleinere Arbeiten am Motorrad empfiehlt es sich auf jeden Fall, die Betriebsanleitung genau zu studieren!

Reifencheck

■ **Reifenluftdruck** regelmäßig kontrollieren. Um so wichtiger, wenn das Motorrad längere Zeit gestanden ist. Für die genauen Werte in der Betriebsanleitung nachsehen! Als Faustregel gilt: 1,8 bar vorne, 2,0 bar hinten. Bei Soziusmitnahme oder schwerem Gepäck vorne und hinten jeweils 0,2 bar mehr. Vorsicht, bei zu geringem Luftdruck wird das Fahrverhalten der Maschine schwammig. Sturzgefahr! Außerdem erhöht sich der Reifenverschleiß unnötig.

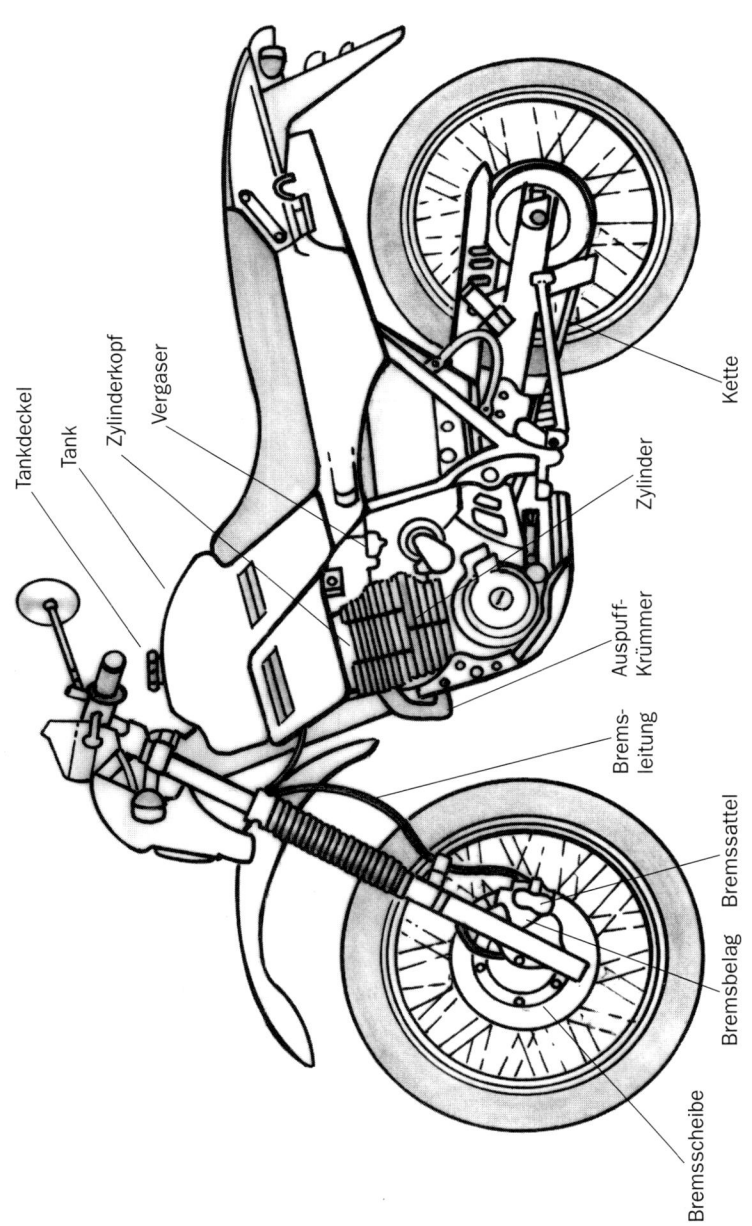

Tankdeckel

Tank

Zylinderkopf

Vergaser

Zylinder

Kette

Auspuff-
Krümmer

Brems-
leitung

Bremssattel

Bremsbelag

Bremsscheibe

- **Profiltiefe** überprüfen: Mit einer eigenen Meßschablone, erhältlich in Zubehörläden, die Profiltiefe prüfen (mindestens 3 Millimeter sind gut, gesetzlich vorgeschrieben ist ein Mindestwert von 1,6 Millimeter).
- Generellen **Zustand der Reifen** checken: Sind sie alt und rissig oder falsch abgefahren? Wer zu wenig Kurvenschräglage hat, fährt den Reifen eckig ab.

Kettencheck

- **Kettenspannung überprüfen:** Die Kette von unten mit dem Finger hochdrücken. Ist die Kette zu stark gespannt oder läßt sie sich mit mehr als 2 Zentimeter Spiel nach oben drücken? Zu stark oder schwach gespannte Ketten verschleißen schneller, außerdem kann die Kette reißen. Kettenspannung in der Werkstatt regulieren lassen!
- **Fingertest:** Bleiben die Finger beim Anfassen der Kette trocken, muß sie nachgefettet werden.
- **Kette fetten:** Mit speziellem Kettensprühöl aus dem Zubehörhandel einsprühen. Sprühventil nahe an die Glieder halten und gleichmäßig einfetten. Am besten funktioniert es zu zweit: Eine schiebt das Motorrad im Leerlauf langsam nach vorne, die

Der Reifenluftdruck sollte regelmäßig überprüft werden.

andere sprüht das Kettenöl drauf. Allein geht es auch, ist aber etwas mühsam, weil die Maschine immer wieder auf den Ständer gestellt werden muß – sofern kein Hauptständer vorhanden ist. Mindestens eine Stunde, besser aber über Nacht einwirken lassen. Die Kette muß nach jeder Regenfahrt oder bei Rostbildung eingefettet werden.

▨ **Verschleiß prüfen:** Ist viel Rost und dicke schwarze Schmiere dran, muß die Kette gereinigt oder ersetzt werden. Bitte in der Werkstatt machen lassen!

Ölcheck

▨ **Ölstand prüfen:** In der Betriebsanleitung die genaue Lage des Ölprüfstabs abchecken. Bei manchen Maschinen müssen einige Verkleidungsteile abgeschraubt werden, um an den Ölbehälter zu kommen. Bei einigen Motorrädern wird der Ölstand über ein Schauglas abgelesen. Ölstand nur bei aufrecht stehender Maschine und bei warmem Motor überprüfen! Der Ölstand muß sich genau zwischen der Minimum- und Maximummarkierung befinden.

▨ **Öl nachfüllen:** Ist nach der Überprüfung der Ölstand unter der Minimummarkierung, muß sofort geeignetes Zweiradöl bis zur unteren Markierung eingefüllt werden. Danach Motor starten und warmlaufen lassen, etwa zehn Sekunden im Leerlauf laufen lassen, dann abstellen und Öl bis zur Maximummarkierung nachfüllen.

▨ **Tip:** Es gibt im Zubehörhandel praktische Trichter zum Aufschrauben auf den Ölbehälter, damit beim Einfüllen nichts danebengeht.

▨ **Ölwechsel:** Lieber von einer Fachwerkstatt machen lassen, weil Öl und Ölfilter entsorgt werden müssen und beim Selberwechseln Gefahr besteht, das Grundwasser zu verschmutzen. Regelmäßige Ölwechselintervalle laut Herstellerempfehlung einhalten!

Kühlwassercheck

▨ **Kühlwasserstand:** Bei flüssigkeitsgekühlten Maschinen immer wieder nach dem Wasserstand schauen. Achtung: Verschluß niemals nach einer Hochgeschwindigkeitsfahrt abnehmen, da heißes Wasser herausspritzt!

▨ **Kühlwasser nachfüllen:** Bei niedrigem Level normales Leitungswasser bis zur Höchstmarke auffüllen. Im Winter geeigneten Frostschutz dazugeben.

Bremsencheck:

■ **Bremsflüssigkeit:** Regelmäßig den Bremsflüssigkeitsstand in den kleinen Behältern der Vorder- und Hinterradbremse überprüfen. Der Flüssigkeitsstand sollte sich am Maximumstrich befinden. Bei zu wenig Bremsflüssigkeit: In der Werkstatt gleich austauschen und nachfüllen lassen.

■ **Bremsbeläge:** Beläge an der Vorder- und Hinterradbremse oft überprüfen (sofern hinten eine Scheibenbremse vorhanden ist). Zwischen der Bremsbacke und der Bremsscheibe befindet sich der Belag. Er sollte noch mindestens 3 Millimter betragen! Manche Motorräder besitzen hinten eine Trommelbremse, deren Beläge erst nach einer Demontage zu überprüfen sind. Zustand am besten von der Werkstatt überprüfen lassen!

■ **Bremsenverschleiß:** Sind die Bremsleitungen rissig oder gar undicht? Ist dies der Fall, bitte von der Werkstatt überprüfen lassen!

Beleuchtung

■ **Beleuchtungsanlage** auf Funktionsfähigkeit überprüfen. Gehen beide Blinker, das Ab- und Aufblendlicht sowie das Bremslicht?

Tip: Mehrmals im Jahr bieten Automobilclubs (ACE, ACV, ADAC) für Mitglieder **kostenlose Kontrollen des technischen Zustands** für Motorräder an. Nähere Informationen bei den jeweiligen Clubs.

Motorradreinigung

Regelmäßige Reinigung gehört zu den wichtigsten Pflegemaßnahmen eines Motorrads, um Korrosion vorzubeugen und um frühzeitig erkennen zu können, ob und wo der Motor möglicherweise Öl leckt. Generell ist das Waschen nur auf Waschplätzen erlaubt, die über einen Ölabscheider verfügen, etwa an Tankstellen oder Waschstraßen. Zur Reinigung das Motorrad mit Zweiradreiniger aus dem Fachhandel einsprühen und mit dem Dampfstrahl bei laufendem Motor absprühen. Der laufende Motor ist wichtig, da sonst Wasser in den Motorbereich kommen kann und die Maschine nicht mehr anspringt. Mit dem Wasserstrahl nicht direkt auf Vergaser, Elektrik und Radnaben zielen! Anschließend mit Fensterleder trocknen.

Das Motorrad »winterfest« machen

Wird das Motorrad lange Zeit nicht benützt oder den Winter über abgemeldet, sollten noch einige kleine Arbeiten erledigt werden: Maschine gründlich reinigen, Batterie ausbauen (bei Bedarf destilliertes Wasser in die Kammern füllen, Batterie kühl und trocken aufbewahren), Tank vollfüllen (verhindert Rostbildung), Kette fetten, Luftdruck jeweils um 0,5 bar erhöhen, Motorrad so aufbocken, daß beide Räder in der Luft sind und die Federn entlastet werden. Bei Motorrädern ohne Hauptständer Holzblöcke unterlegen! Vor dem endgültigen Einmotten das Motorrad so lange bei geschlossenem Benzinhahn laufen lassen, bis es von selbst ausgeht. Weil somit das Benzin aus dem Vergaser weicht, kann das Bike im Frühjahr wieder besser gestartet werden!

Tip: Manche Motorradhändler übernehmen nicht nur die Winterinspektion, sie bieten auch Unterstellmöglichkeiten an und haben im Winter mehr Zeit für Reparaturen. Automobilklubs und Händler kennen oft Einstellplätze für Motorräder.

Was tun, wenn sich das Bike nicht starten läßt?

- Ist genügend Benzin im Tank?
- Ist der Benzinhahn geöffnet?
- Ist der Seitenständer eingeklappt?
- Ist der »Not-Aus«-Schalter gedrückt?
- Wenn sich beim Drücken des Anlasserknopfs nichts rührt, ist die Batteriespannung zu schwach: Batterie muß mit speziellem Ladegerät nachgeladen werden
Tip: Erst starten, dann das Licht einschalten, um die Batterie zu schonen!
- Springt die Maschine immer noch nicht an, Pannendienst rufen (für Mitglieder von Automobilklubs ist dieser Service umsonst).

Was tun, wenn das Bike beim Startvorgang »abgesoffen« ist

Es kann sein, daß sich das Bike auch nach mehreren Versuchen nicht starten läßt. Wenn es stark nach Benzin riecht, hat der Motor zu viel Benzin angesaugt, das heißt die Maschine ist »abgesoffen«
- Benzinhahn schließen
- Choke wieder schließen
- Startvorgang mit Vollgas wiederholen
- Wenn das Starten immer noch nicht klappt, Zündkerzen überprüfen. Dazu Zündkerzenstecker abziehen, Zündkerze herausschrauben. Verölte Zündkerze mit sauberem Tuch trocknen. Startvorgang wiederholen. Dies ist nur möglich, wenn die Zündkerze leicht zugänglich ist. Bei vielen Maschinen müssen dafür erst Verkleidungsteile abgeschraubt werden.
Tip: Das Bike generell nicht im Stehen warmlaufen lassen, sondern unter Belastung beim Fahren. Nicht gleich Vollgas fahren, weil sich das Öl erst einmal erwärmen und schmierfähig werden muß und in alle Ritzen des Motors eindringen muß. Den Choke nach etwa einem Kilometer, wenn die Maschine rund läuft, wieder hineindrücken.

Wenn eine eine Reise tut – Mit Motorrädern kann »frau« viel erleben

Inzwischen finden immer mehr Freizeitmotorradfahrerinnen Spaß am Reisen mit dem Motorrad. Fast jede zweite Frau fährt mit ihrem Motorrad bereits auch in den Urlaub. Nicht nur lange Reisen, sondern auch Wochenendtouren mit Zelt oder Übernachtungen in kleinen Pensionen werden immer beliebter. Schöne Urlaubs- und Tourenziele gibt es in Deutschland und Europa en masse. Je nach Wunsch und Fahrpraxis kann sich jede Fahrerin ihre eigene Traumtour zusammenstellen, sei es eine Alpentour mit Bergpässen, ein Sommer- und Strandurlaub auf Sardinien oder eine Wüstentour durch Marokko. Nähere Informationen über Reiseziele sind in den zahlreich erschienenen Motorradreiseführern zu finden. Tolle Reisetips und Anregungen gibt es auch regelmäßig in den Reiseberichten von Motorradzeitschriften.

Fly & Bike

Unter dem Motto »Fly & Bike« bieten immer mehr Airlines die Möglichkeit, das eigene Motorrad mit in den Urlaub zu nehmen. Der Bielefelder Reiseanbieter »Fly & Bike« hat gemeinsam mit einigen Partner-Airlines (Lufthansa, LTU, Swiss-Air und Air Canada) ein weltweites Netz attraktiver Flugziele zusammengestellt. Auf dem Programm stehen Reiseziele in Europa (Balearen, Kanaren, Italien, Spanien, Portugal, Griechenland, Toskana, Türkei, Zypern), in den USA und Kanada, sowie in Asien, Afrika und Lateinamerika. Urlaub mit der Maschine »im Handgepäck« ist gar nicht so umständlich. Genaue Informationen über das Verladen der Maschine und die Formalitäten sind über »Fly & Bike« zu erfahren. Wem dies zu viel Streß ist: Viele Reiseveranstalter bieten auch die Möglichkeit, ein Motorrad vor Ort anzumieten sowie geführte Motorradreisen. Eine Liste mit zahlreichen Motorradreiseveranstaltern kann beim Essener Industrieverband Motorrad (IVM) angefordert werden.

Reisen ohne Männer

Wer auch im Urlaub lieber »Allein unter Frauen« bleiben und Touren mit anderen Bikerinnen machen will, findet inzwischen schon einige Reiseanbieter, die sich auf Frauenreisen spezialisiert haben. Eine äußerst außergewöhnliche Motorradtour durch Vietnam fernab von Touristenpisten und nur für Frauen bietet beispielsweise die Münchner Reiseveranstalterin Ingeborg Kachel an. Weitere Veranstalter von reinen Frauenreisen und -touren: Motorrad-Reisen Sibylle Köhler (Alpen/Dolomiten/Gardasee); Bayerwald Motorradtouren (Alpen, Pflälzer- und Bayerischer Wald; m + r Motorrad-Reisen GmbH (geplant); Darrotom Alpenreisen (Alpen/Gardasee/Hunsrück); Motorrad Action Team (Provence-Tour für Frauen).

Die Adressen sind im Anhang zu finden.

Touren- und Reiseplanung

Besonders als Anfängerin solltest du nicht überstürzt irgendein schönes Reiseziel aussuchen. Für viele Beginner ist eine dreiwöchige Urlaubstour, womöglich noch mit vielen Bergpässen, wahrscheinlich etwas zu viel. Es empfiehlt sich, zunächst ein paar kleinere Tages- und Wochenendtouren zu unternehmen, um sich nicht gleich von Anfang an zu überfordern. Besonders längere Reisen erfordern viel zähes Sitzfleisch, einiges an Ausdauer und eine gute Fahrpraxis! Für die Planung einer »Probereise« sprich Tages- oder Wochenendtour sind folgende wichtige Punkte zu beachten:

- Touren generell möglichst über weniger befahrene Nebenstraßen planen!
- Die Tour erst mal auf schwierige Streckenabschnitte und Bergpässe prüfen, die »frau« sich eventuell nicht zutraut.
- Als Anfängerin lieber erst einmal ohne Sozius/a reisen!
- Mit erfahrenen Motorradtourern zusammen fahren.
- Zunächst einmal nicht die verlängerten Wochenenden für eine Tour aussuchen. Erfahrungsgemäß ist an solchen Tagen alle Welt unterwegs!

Praxistip für Tourer

Während der Fahrt ist es natürlich unmöglich, die Karte zu lesen, und an jeder Kreuzung anzuhalten, macht auf Dauer auch keinen Spaß. Erfahrene Tourer schreiben sich für das Klarsichtfach im Tankrucksack eine Streckenführung auf den sogenannten »Tageszettel«: Auf diesem sollten die Etappenorte, Straßennummern gut lesbar hintereinander aufgelistet werden. Zusätzlich noch eine Übersichtskarte mitnehmen, auf der mit Leuchtstift die Route eingezeichnet wurde! Außerdem sollte bei großen Gruppen jedes Mitglied eine solche Karte und einen Tageszettel haben. Es ist durchaus möglich, daß man sich irgendwo verliert . . .

Checkliste für Motorradtouren und -reisen

Die Maschine

Vor jeder Reise einen gründlichen Fahrzeug-Check durchführen. Auch während der Reise sollten folgende Punkte immer wieder geprüft werden: ▪ Ölstand; ▪ Bremsanlage (Stand der Bremsflüssigkeit, Beläge); ▪ Kühlflüssigkeitsstand (natürlich nur bei wassergekühlten Maschinen); ▪ Kettenspannung und -fettung (auf schadhafte Glieder achten); ▪ Profiltiefe (werden auch bei der Rückfahrt noch 3 Millimeter übrig sein?); ▪ Reifendruck (bei Gepäck und Mitnahme von Sozius Erhöhung um jeweils 0,2 bar); ▪ Beleuchtungsanlage (einschließlich Bremslicht und Blinker); ▪ Federbeine (auf Beladung laut Betriebsanleitung einstellen)

Das Gepäck

Was soll ich und vor allem was kann ich überhaupt alles mitnehmen? Diese Frage ist vielen Frauen besonders wichtig. Beim Motorrad sind durch das zulässige Gesamtgewicht (steht im Fahrzeugschein) erhebliche Grenzen gesetzt. Dieses darf auch bei doppelter Besatzung in voller Montur, Helm und Ge-päck nicht überschritten werden! Hier heißt es, Kompromisse zu schließen: Gegen einen Kajal- und Lippenstift ist natürlich nichts einzuwenden, aber es muß ja schließlich nicht das ganze Pflege- und Schminkset inklusive Köfferchen mit. Zur Grundausstattung gehören neben der Motorradkluft: ▪ Wäsche zum Wechseln; ▪ T-Shirts zum Drunterziehen; ▪ ein Pullover; ▪ eine Jeans; ▪ Turnschuhe; ▪ Mini-Waschzeug.

Ob eine »Ausgehuniform« wirklich mitmuß, ist sorgfältig zu bedenken. Brauche ich überhaupt was Schöneres für abends? Erfahrungsgemäß sind die Klamotten am Ende sowieso total verknittert und mit Turnschuhen sehen sie auch gar nicht so toll aus.

Wichtige Papiere

▪ Fahrzeugschein, Kopie anfertigen.
▪ Grüne Versicherungskarte, eventuell Euro-Schutzbrief eines Automobilklubs oder einer Versicherung.
▪ Händlerverzeichnis der gefahrenen Marke. Leistet bei der Werkstattsuche nützliche Dienste.
▪ Auslandskrankenschein
▪ Gutes Kartenmaterial, am besten eine genauere Karte im Maßstab 1:200 000 sowie eine grobe Übersichtskarte, auf der auch eine längere Tour vollständig sichtbar ist.
▪ Betriebsanleitung des Motorrads nicht vergessen!

Sonstiges wichtiges oder nützliches Zubehör

▪ Erste-Hilfe-Set; ▪ Warnhaube des Instituts für Zweiradsicherheit, die als Ersatz für das Warndreieck über den Motorradhelm gezogen werden kann, ▪ Reifenpilot.

Literatur: Inge Rogge/Ernst Leverkus: »Handbuch für Motorrad-Reisen«. Eduard Denzel: »Motorradtouren in den Alpen«. Bernd Tesch: »Motorrad Abenteuer Touren«

Zu guter Letzt

Für dieses Buch haben mir viele erfahrene Motorradfrauen, aber auch viele Anfängerinnen mit ihren typischen Einsteigerproblemen wertvolle Tips und Hinweise gegeben. An dieser Stelle möchte ich mich bei ihnen allen noch einmal herzlich bedanken. Ich hoffe, daß ich mit diesem Buch allen Motorradfahrerinnen praktische Unterstützung liefern konnte und alle wichtigen Tricks und Kniffe darin aufgenommen habe. Sollte ich irgend etwas übersehen haben: Zur Überarbeitung der Auflage würde ich mich über deine Anregungen und Erfahrungen, die in diesem Buch noch nicht erwähnt wurden, sehr freuen. Also: Hab keine Hemmungen, schreib mir deine Tips, Anregungen, Verbesserungsvorschläge und Kritikpunkte. Denn dann wird das nächste überarbeitete »Motorradbuch für Frauen« noch aktueller und noch hilfreicher für die Einsteigerinnen nach dir.

Wichtige Adressen

Industrie-Verband Motorrad Deutschland e.V.
Gladbecker Straße 425
45329 Essen
Tel. 0201/83 40 30

Institut für Zweiradsicherheit e.V.
Postfach 120 288
45314 Essen
Tel. 0201/83 53 9-0

Bundesweite Frauenklubs:

HEXENRING
Ilse Laaser
Burgstraße 1 a
53343 Wachtberg-Villiprott

WIMA Deutschland
Floh Petit
Sandstraße 2
64832 Babenhausen

WOMEN ON WHEELS
Inge Landmann
Gevelsbergstraße 18
44269 Dortmund

Sicherheitstrainings für Frauen:

ACE (Auto-Club-Europa e.V.)
Schmidener Straße 233
70374 Stuttgart
Tel. 0711/530 32 90

ADAC
Am Westpark 8
81373 München
Tel. 089/76 76 – 26 34

AVS (Ausbildungsstätte für Verkehrssicherheit)
Gut Capellen
53913 Swisttal
Tel. 02254/33 88

Bruderhilfe e.V.
Neue Straße 48
89179 Beimerstetten
Tel. 07348/61 15

Deutsche Verkehrswacht e.V.
Am Pannacker 2
53340 Meckenheim
Tel. 02225/88 40

Moto aktiv e.V.
Wehrdaerstraße 116
35041 Marburg
Tel. 06421/8 20 85

Motorrad Action Team
Postfach
70162 Stuttgart
Tel. 0711/182-1977

TÜV Akademie Bayern
Westendstraße 199
80686 München
Tel. 089/57 91-1625

TÜV Akademie Rheinland
Eichenkamp
53332 Bornheim
Tel. 02222/8086

Schrauberkurse für Frauen:

Moto aktiv e.V.
Adresse s. S. 121

Kinderbekleidung:

Josef Joy
Über- und Untergrößen
59439 Holzwickede/Westfalen
Tel. 02301/6537.

Kinder-Kombi-Verleih Trost
37247 Großalmerode
Tel. 05604/64 44

Reisen:

Fly & Bike Reise GmbH
August-Bebel-Straße 32
33602 Bielefeld
Tel. 0521/17 49 85

Reiseanbieter für Frauen:

Bayerwald Motorradtouren
Egerstraße 6
92436 Bruck
Tel. 09434/2489

Darrotom Alpenreisen
Gerd Jauering
Im Wiesengrund 3
50354 Hürth
Tel. 02233/6 38 11

Motorrad Action Team
Adresse s. S. 121

m + r Motorrad-Reisen GmbH
Postfach 44 01 48
80750 München
Tel. 089/39 57 68

Motorrad-Reisen
Sibylle Köhler
Konstanzenstraße 52
90439 Nürnberg
Tel. 0911/65 27 47

Vietnam-Tour
Ingeborg Kachel
Barer Straße 77
80799 München
Tel. 089/272 18 50

Bundesweite Vermittlung von Reise- und Tourenpartnern/ -partnerinnen:

bike aktiv
Michael Gartz
Lily-Braun-Weg 6
80637 München
Tel. 089/159 56 35

Register

Weitere Titel aus dem humboldt-Programm zum Thema Freizeit & Hobby